KB040479

미처 몰랐던
세계사

숨겨진 20가지 이야기

일러두기

1. 이 책에서 인명을 비롯한 고유 명사는 표준국어대사전과 나라별 외래어 표기법을 따라 작성하였다.

2. 본문에 나오는 중국어 인명과 지명은 중국어 발음으로 번역하고 한자를 병기하였다.

3. 주요 표기는 다음과 같이 통일한다.
   (예) 서명 : 《 》, 잡지/영화/노래/시/그림 등 : < >,
        편지 내용 : 「 」 부호인용 : " ", 기타(조약, 칙서 등) : ' '

미처 몰랐던
세계사

숨겨진 20가지 이야기

우이룽 지음 | 박소정 옮김

역사산책

저기, 제가 당신의 학생이 되어도 될까요?

신베이(新北) 시립 단평(丹鳳)고등학교 도서관 주임 / 쑹이후이(宋怡慧)

"고인(古人)을 초청해서 2019년 개정 교육 과정을 진행하는 역사 선생님이 있다던데, 본 적 있어요?"

"그 그림 여섯 장을 교육부 장관이 페이스 북에 공유해서 '좋아요'가 미친 듯이 달렸던 데…."

"세상에! 진짜 너무 재미있다. 이 선생님 진짜 소양 교육 홍보대사로 제격이야."

많은 사람들이 "우이룽이 누구예요?"라고 물었고, 그녀를 구글에서 검색하고 추종하더니 어느새 그녀의 충실한 팬이 되었다.

이제 당신은 그녀에게 한 발 더 다가갈 수 있게 되었다. '우이룽' 그녀가 책을 출간했기 때문이다. 아직도 작가 사인회를 신청하러 가지 않고 뭐 하는가? 책 구매도 아직인가? 그래 놓고 어떻게 그녀의 '골수팬'이라고 할 수 있겠는가?

자, 그럼 이제 본론으로 들어가서 내가 너무 재미있게 읽은 우이룽의 '신작(神作)'을 진지하게 소개해볼까 한다.

책을 다 읽고 나서 나는 도라에몽의 '어디로든 문(〈도라에몽〉 만화에서 가고 싶은 곳을 말하거나 생각한 뒤 문을 열면 원하는 곳에 도착하는 도구-역주)'을 열고 우이룽이 수업하는 교실에 제자로 앉아 있었으면 하고 간절히 바랐다. 다행히 그녀가 출간한 이 책을 통해 나는 다시 소녀시대로 돌아가 어느새 기억이 흐릿해진 서양사를 복습할 수 있었다.

이제 보니 트럼프에 나오는 킹(K) 카드 네 장에 대단한 유래가 숨어 있었네.

로마 교황청으로부터 공식 인증을 받지 못한 '성인(聖人)'은 전부 짝퉁이나 다름없구나.

그동안 기사의 이미지가 미화된 거였다니! 뒤통수를 제대로 치는 그들의 진짜 모습은 과연 무엇일까?

미켈란젤로는 이름과 달리 '천사'와는 전혀 거리가 멀고 욕을 자주 했다고?

'루이 14세'는 가발을 쓰고 실크 양말을 신은 뒤 반드시 빨간 하이힐을 매치하던 '하이패션'의 선두주자였네!

나폴레옹이 군사 기재를 넘어 러브레터의 고수이기도 했다고?

눈물 나는 데카르트의 러브레터는 "상상은 낭만적이지만 진실은 연약하다"는 것을 증명했다.

남북전쟁은 링컨이 연방을 탈퇴한 주들이 다시 돌아오게 만들려고 해서 시작된 거라고?

역사는 상대를 잘 골라서 결혼하는 것이 인생에서 가장 정확한 투자라는 것을 알려주었다.

역사는 또 진심과 신뢰 없는 결혼은 결국 무너질 수밖에 없다는 것을 일깨워주었다.

겉으로 보기에는 서양사를 적은 책 같지만 그 안에는 인생의 철학적 사고가 담겨 있다.

"이리가 고개를 돌린다면 은혜를 갚거나 복수를 하거나 둘 중 하나다." 이는 독일이 한 번 졌다가 또다시 제멋대로 덤빈 원인이다. 미국은 왜 베트남 전쟁에서 패배했을까? 미국 자신조차도 무엇을 위해 싸우는지 몰랐기 때문이다. 터키인들은 왜 전쟁에서 지고 난 후 "나는 터키인인 내가 자랑스럽다!"라고 외칠 수 있었을까? 그들에게는 엄청나게 잘생긴 국민 아버지가 있었기 때문이다. 괜히 엉뚱한 데로 화제를 돌려봤는데, 사실 터키인들은 "내 나라는 내가 구한다"라는 케말의 애국혼에 감동을 받은 것이다.

우이룽의 역사 서술은 독창적이고 재치 있다. 이해하기 쉬운 글과 통속적인 말투로 역사에 대한 사고의 세계로 안내한다. 이 책을 읽으면서 우리는 자신과 역사를 어떻게 대하고 있는지, 어떻게 과거에서 현재를 생각하고 미래를 상상할 것인지 생각하게 된다.

교과서에서 가르쳐주지 않는 지식은 핵폭발처럼 우리 뇌에 거대한 폭풍을 일으킨다. 서양 근현대사에 대한 나의 생각이 재정립되고 시간축이 분명해지면서 인물과 공간의 이동이 마치 3D애니메이션처럼 눈앞에 그려진다. 아무도 아니던 그들(NOBODY)이 자신의 신념과 생각을 따라 용감하게 나아감으로써 마지막에는 역사 속의 누군가(SOMEBODY)가 된다.

"배를 만들고 싶다면 사람들에게 같이 나무를 구해달라고 부탁하거나 일을 분배하고 무엇을 하라고 명령하기보다는, 광활한 바다에 대해 갈망하게 만들어라." 우이룽의 글은 내가 역사 공부를 갈망하게 만들었고 처음 교직의 길에 들어선 때를 기억나게 해주었다. 한때 직업을 바꾸고 싶을 만큼 힘들게 교직 생활을 한 시기가 있었다. 그 시절에 나는 책을 읽으면서 교사의 의미와 본분을 되새겼다. 우리는 학생들을 어디로 데려갈 것인가? 초심을 잊지 말자. 우리는 교사로서 꿈이 있고 가르치는 일에 애정이 있다. 학생들을 학습의 바다로 데려가자. 그래서 학생들이 광활한 지식의 바다에서 여유롭게 헤엄칠 수 있도록 만들어주자.

이 책을 통해 시대를 바라보는 새로운 시각과 가르치는 것에 대한 새로운 의

미를 알게 해준 우이룽 선생에게 감사를 드린다. 책에서 나타난 조리 있고 재미있는 관점들에 공감하며 연신 고개를 끄덕였다. 책을 읽으면서 웃기도 하고 탄식하기도 했는데, 모든 것이 다 그녀의 논점에 대한 인정이자 불현듯 찾아온 깨달음의 표현이었다. 우리는 "인류가 역사에서 배운 유일한 교훈은 바로 역사에서 교훈을 배울 수가 없다는 것이다."라는 말을 자주 듣는다. 나는 우이룽 선생이 과거에 중요했던 역사적 사건이나 흔적을 통해 독자들이 자신의 인생을 반추해 보고, 전철을 밟거나 근거 없는 믿음의 늪에 빠지지 않기를 기대하며 이 책을 쓰지 않았나 생각한다. 유머러스하고 해학적인 글, 독창적이며 전문적인 해독(解讀), '재창조'한 요소들을 바탕으로 저자는 역사를 넘어 인생을 이야기하려고 했다. 그녀는 더 이상 일방적인 주입식이 아니라 쌍방향으로 역사를 배울 수 있는 가능성을 열어주었다.

프란체스코 페트라르카(Francesco Petrarca)가 "나는 평범한 사람이고, 평범한 사람의 행복만을 추구한다."라고 말한 것처럼, 우이룽은 역사 교육 분야에서 묵묵히 많은 노력을 기울였다. 교사로서 행복은 가장 사랑하는 과목을 더 많은 학생들에게 이해시키고, 학생들이 그 속에서 삶의 가치와 배움의 의미를 생각하고 싶도록 만드는 것이다.

부디 이 책을 2020년 필독서 목록에 꼭 넣기를 바란다. 좀 나중에 읽을 수는 있어도 안 읽으면 안 되는 책이다. 혹시 알고 있는가? 냉전 시대에 미국과 소련이 그랬던 것처럼 사람도 소그룹을 잘 형성한다는 것을 말이다. 나중에 온 국민이 필사적으로 구입하는 것이 마스크가 아니라 조만간 불티나게 팔릴 우이룽 선생의 '걸작'이 되지 않을까 걱정이다.

이렇게 진심을 담아 추천사까지 써 줬는데, 이만하면 당신의 제자가 될 수 있지 않을까요?

당신이 묻지 않았고 작가도 말하지 않았던 세 가지 신분

인기 교사 겸 베스트셀러 작가 / 어우양리중(歐陽立中)

시작하기에 앞서 게임을 하나 해 보자. 계엄 시대로 돌아간다고 가정하고, 너희들이 대학생이라면 다음 중 어느 동아리에 가입하겠어?

(A) 캠퍼스 공터에서 채소를 기르는 농사 동아리, (B) 학생 복지를 위해 노력하는 학생 자치회, (C) 지식을 배우는 독서회, (D) 체력을 기르는 축구팀, (E) 동아리에 가입하지 않고 그냥 책을 읽는다. 결정했어? 이제 5초 줄게. 5, 4, 3, 2, 1, 땡! 자 그럼 이제 파릇파릇 청춘인 너희들의 미래가 어떨지 한번 살펴보자. (A) 징역 10년(농사 동아리에 가입했던 타이완대학교 물리학과 장민취안[姜民權]은 반란 조직에 들었다는 죄목으로 감옥에 들어갔다.), (B) 징역 12년(학생 자치회에 들었던 장창메이[張常美]는 '빨갱이'라고 지목된 회장과 함께 연루되어 감옥살이를 했다.)…. 얘들아, 게임은 다시 할 수 있어도 인생은 다시 살수 없어. 이 사람들의 말로를 살펴본 지금, 어떤 태도로 이 시대를 대할지 결정했니?

이게 중학교 역사 수업이라는 것이 믿어지는가? 어느 역사 교과서보다 내용이 훨씬 더 실감나게 느껴진다.

이 선생님은 학생들과 함께 사료를 읽는다. 생각하고 판단하며 게임으로 체험하고 마지막에는 공감을 이끌어낸다. 흘러가버린 역사가 마치 VR안경을 낀 것처럼 눈앞에 생생하게 재현된다. 이런 일을 가능하게 만든 우이룽은 이 업계에서 '작은 거성(小巨星)'으로 불린다. 내 눈에 '작은'은 겸손의 표현이고 '거성'이야말로 그녀의 본질이라고 생각한다. 그녀의 역사 수업은 교실에서 할 게 아니라 타이베이 아레나(臺北小巨蛋, 각종 스포츠 경기나 공연 등이 개최되는 경기장-역주)에서 진행되어야 마땅하다. 이토록 훌륭한 수업이 소수 학생들의 전유물이 되도록 놔둘 수 없다.

다행스럽게도 우이룽이 책을 출간했다. 교실 밖에 고립되어 있던 관중들이 마침내 그녀의 글을 통해서 조금이나마 아쉬움을 덜 수 있게 된 것이다. 나는 이 책을 거의 드라마를 정주행하는 것처럼 읽었다. 한 번 읽기 시작하자 도저히 멈출 수가 없었다. 중세 편부터 시작해서 르네상스 편까지 쉬지 않고 쭉 읽었고, 화장실 가는 것도 잊은 채 계몽 시대 편까지 읽어 내려갔다. 뒷이야기도 궁금해서 야식도 안 먹고 세계대전 편까지 달렸다. 그러다가 어느새 마지막 페이지까지 다 읽었는데 계속 더 읽고 싶을 만큼 여운이 남았다. 우이룽의 책에 담기지 못할 만큼 느리게 흐르는 이승의 시간이 왠지 야속하게 느껴질 정도였다.

나는 드라마 정주행처럼 미친 듯이 책을 읽은 과정을 돌아보았다. 대체 이 책에 어떤 마력이 있어서 이렇게까지 나를 책상 앞에 붙들어 놓았을까 생각했다. 그리고 마침내 깨달았다. 우이룽은 세 가지 신분을 보유하고 있었던 것이다.

첫 번째는 '토크쇼 진행자'라는 신분이다. 아무리 무미건조하고 지루한 사료라도 우이룽의 손을 거치면 신기하게 재미있어진다. 르네상스 3대 거장을 설명할 때 그녀는 이렇게 말한다. "르네상스의 3대 거장으로 불리는 레오나르도 다 빈치, 미켈란젤로, 라파엘로는 '닌자 거북이' 주인공이라 유명해진 게 아니었다." 미국과 소련의 우주 경쟁에 대해서는 이렇게 이야기한다. "부, 명성, 권력, 이 세상의 모든 것을 소유한 초강대국이 되고 싶은가? 그렇다면 우주로 나가자! 전 세계는 우주 대항해 시대를 맞이할 준비를 했다." 역사 '토크쇼 진행자'로서 그녀의 머릿속에는 역사뿐만 아니라 만화, 영화, 유머도 가득하다. 역사라고 하면 어딘가 무거운 감이 없지 않은데, 우이룽은 이런 역사를 무겁지 않고 친숙하게 다루는 데 능하다.

두 번째 신분은 '탐정'이다. 아무리 합리적으로 보이는 역사라도 우이룽은 그 이면에 숨겨진 의문점을 찾아내고 우리가 생각지도 못했던 진실을 짚어낼 수 있다. 개인적으로 가장 인상 깊었던 것은 미국 남북전쟁에 관한 이야기였다. 우리는 남부 사람들은 비인간적이고 나쁘다고 하고, 링컨이 흑인 노예를 해방시킨 일은 잘했다고 칭찬한다. 그런데 우이룽은 그렇게 단순하게 평가할 일이 아니라고 생각하며 인상을 찌푸린다. 그리고 조사를 거쳐 또 다른 가능성을 제기한다. 면화를 재배하기에 최적이었던 미국 남부에서는 임시 노동자를 찾기 힘들어서 흑인 노예를 노동력으로 활용했다. 우이룽은 링컨에게는 연방이 분리되는 것을 방지하려는 정치적인 목적이 흑인 노예에 반대하는 인도적인 목적보다 훨씬 컸다는 것을 발견한다. 그러면서 역사는 선과 악으로만 판단해서는 안 되며, 그 뒤에 숨겨진 동기를 가지고 다시 생각해보아야 한다는 점을 상기시킨다.

세 번째 신분은 '시인'이다. 역사는 많은 사람들에게 있어서 객관적인 기록이다. 하지만 그 기록에서 무엇인가를 깨달을 수 없다면 그 역사의 폭우를 맞는 게 무슨 의미가 있겠는가? 이것이 바로 우이룽의 대단한 점이다. 그녀는 탐정의 이성도 있지만 무엇보다 시인의 감성을 가지고 있다. 우리는 레오나르도 다 빈치의 천재성은 찬양하지만 평범함을 뛰어넘는 그의 자유분방함에 대해서는 잘 이해하지 못한다. 그런데 우이룽은 그를 이해한다. "호기심 많던 그는 단지 유한한 시간을 손에 쥐고 이 세상의 진리를 탐구하고 싶었던 것뿐이다." 미국과 소련의 우주 경쟁에 대한 이야기를 할 때도 우리는 두 강국이 서로 양보하지 않는 모습만 보지만 우이룽은 서로를 아끼고 존중하는 또 다른 모습을 발견한다. "지구는 아주 작다. 인류가 서로 비교하고 공방전을 벌일 만큼. 우주는 너무 크다. 우리가 불안과 고독을 느끼고 함께 할 누군가를 갈망할 만큼." 우리는 테러리즘의 난폭함과 잔인함을 증오하지만 우이룽은 테러리즘 이면의 비참함을 본다. "테러리스트들도 하고 싶은 말이 있었지만 잔혹한 방식으로밖에 할 수 없었다. 테러리스트들은 단지 나무 한 그루에 불과했고, 그들 뒤에는 테러를 낳은 비참한 숲이 자리하고 있었다."

이 책을 읽으면서 알 수 있었다. 우이룽이 역사 무대에서 때로는 유머러스하게, 때로는 이성적으로, 때로는 따뜻하고 상냥하게 신분을 자유자재로 바꾸었다는 것을 말이다. 나는 그녀가 전하는 이런 역사가 참 좋은데, 어떻게 생각하는가?

들
어
가
며

이 책은 현직 중학교 역사 교사가 쓴 역사서다.

이야기를 시작하기에 앞서 먼저 속 시원하게 인정하고 넘어가겠다. 타이완의 현행 역사 교과서는 너무 딱딱하고 재미없다. 선생인 나조차도 수업을 준비하려고 책을 뒤적이다 보면 정신이 나가 있을 때가 많다. 화장실에 들고 가면 변비는 따 놓은 당상이고, 건강에 지장을 주는 서적으로 분류될 만한 책인 것이다.

교과서가 재미없는 것은 그렇다 치자. 인물, 사건, 시대마다 선생님이 중요하다고 해서 형형색색으로 표시한 부분들이 학생들에게 이렇게 말하고 있다. "나를 달달 외워 줘!"

역사 공부는 악몽이야! 나도 그 심정 십분 이해한다.

역사 교사는 선천적으로 불리한 여러 가지 조건들로 인해 악역이 되기 쉽다는 것을 너무 잘 알고 있다.

그래도 다행히 나는 교사가 된 순간부터 교실을 타이베이 아레나로, 나 자신을 역사계의 '작은 거성(스타)'으로 만들겠다는 뜻을 품었다.

중학교 2학년생들로 둘러싸인 역사 수업에서 나는 학생들보다 더 '중2'스럽게 전공을 보여주어야만 했다.

되도록 학생들이 이해할 수 있는 요즘 말을 사용해 과거에 일어났던 일들을 설명했다.

되도록 교과서 내용을 짧은 한마디로 그 이면에 숨겨진 계략과 발전 과정을 분석했다.

되도록 본문 내용을 확장시켜 고유 명사보다 더 공유할 가치가 있는 인간적인 부분들을 소개했다.

말 그대로 '되도록' 그렇게 하려고 노력했다.

이런 목표들을 제대로 해낼 자신도 없었지만, 학생들이 교탁 앞에서 형광봉을 흔들게 할 수도, 연예인처럼 그럴싸하게 손을 귀에 갖다 대며 학생들을 향해 "소리 질러!"를 외칠 자신도 없었다.

그런데 정작 학생들은 형광펜으로 교과서에 중요한 부분을 표시하는 데만 열중할 뿐이었다. (눈물)

괜찮아, 받아들일 수 있어! 어차피 꿈으로 가는 길은 우여곡절도 많고 힘이 드는 법이니까. 내가 역사 수업을 공연장으로 만드는 여정을 지속할 수 있는 이유는, 실제로 수업을 마치고 내게 사인을 요청하는 학생 '팬'들과 내 역사 수업이 재미있고 의미 있다고 생각해주는 동료들이 있기 때문이다.

이 책은 내가 그동안 중학생들을 대상으로 역사 수업을 하면서 나눈 이야기들과 수업 때 활용한 말들을 정리하고 내용을 보충해서 글로 변환시킨 것이다.

나는 진도의 부담도 없고 아무런 제약 없이 하고 싶은 말을 다 하면서 수업하듯이 글을 썼다. 이 책을 쓰면서 최소 5년에서 10년 정도 시간을 들여 나를 위한 수업 준비용 교재를 만든 것 같은 기분이 들었다.

책의 내용은 최대한 관련 자료와 고증의 전문성을 살렸고, 생생하고 재미있는 언어로 전달하기 위해 노력했다. 일반 대중들과 학생들이 부담 없이 즐겁게 읽으면서 동시에 넓고 얕은 역사적 지식을 배운 듯한 성취감을 느낄 수 있기를 바란다. 동료들은 이 책을 지면으로 진행하는 공개수업이라고 생각해주면 좋겠다. 이런 수업 방식을 통해 더 많이 교류하며 피드백을 얻을 수 있다면 내게는 더할 나위 없는 영광일 것이다.

차례

PART ONE

역사 교과서의 즐거움은 종종 이렇게 꾸밈없고 무미건조한 데서 비롯된다

PART TWO

세상에 지나치게 아름다워 보이는 필터를 씌우면 우리의 생각을 제한하게 된다

역사 교과서의 즐거움은
종종 이렇게 꾸밈없고
무미건조한 데서 비롯된다

1

트럼프 카드에 나오는 국왕 네 명

트럼프 카드놀이를 해본 적은 없어도 트럼프 카드를 보거나 들어
본 적은 있을 것이다!

트럼프 카드는 조커를 빼면 총 52장인데, 1년이 52주인 것을 상징
한다고 전해진다.

스페이드(♠), 하트(♥), 클로버(♣), 다이아몬드(♦) 네 가지 트럼프
문양은 사계절을 의미하며, 각 13장씩 있는 것은 한 계절이 13주인
것을 나타낸다. 1부터 10까지 숫자 카드는 각 문양의 개수로 나타내
고, 11, 12, 13은 숫자를 빼고 사람의 머리가 그려진 형태로 바꾼 뒤
J, Q, K라고 부른다. J는 기사Jack, Q는 왕비Queen, K는 국왕King이다.

트럼프 카드 중 킹(K) 네 장에 나오는 인물이 실제로 역사에 존재
했던 위대한 국왕 네 명과 대응한다고 생각하는 사람들이 많다. 그

런데 사실 최초의 트럼프 카드에서 국왕은 특정 인물을 나타내지 않고 그저 '국왕'이라는 상징적인 의미만 취했을 뿐이다.

트럼프 카드의 유래와 관련해서는 제대로 탐구하고 싶어도 확실하게 기원을 거슬러 올라가기 어렵다.

유일하게 확실한 것은 약 14세기 후반 트럼프 카드가 유럽에서 널리 유행하기 시작할 때, 각 지역마다 유행하는 게임 방식이 있었다는 사실이다. 또 트럼프 카드를 제작하는 곳이 제각각이라 카드 디자인과 수량에 차이가 있었고 지역적인 특색이 강했다.

우리에게 익숙한 네 가지 문양은 16세기 프랑스에서 정한 표준을 채택한 것이다. 당시 프랑스의 한 트럼프 카드 제조업체가 스페이드, 하트, 클로버, 다이아몬드로 네 가지 문양을 정하고 형태와 크기를 표준화했다. 또 스페이드 킹, 하트 킹, 클로버 킹, 다이아몬드 킹 네 장에 대응되는 국왕으로 각각 다윗 왕, 샤를마뉴, 알렉산더, 카이사르를 지정했다.

이 국왕 네 명은 유럽 역사에서 대표성을 띠는 인물들이기 때문에 오늘날까지 전해진다. 만약 트럼프 카드에서 킹(K)에 대해 이야기하고자 한다면, 역사에 대조군이 존재하는 16세기 프랑스 버전이 최적의 선택지가 될 것이다. 내가 어렸을 때 정말 좋아했던 홍콩 사대천왕이 지금도 연예계에서 톱스타 자리를 굳건히 지키고 있는 것처럼, 이 국왕 네 명은 유럽 '국왕계'에서 오늘날 톱스타급 남자 배우에 해당하는 천왕의 지위를 누린다.

스페이드(♠) – 다윗 왕

스페이드 킹은 역사에 등장하는 다윗 왕으로, 카드에서는 곱슬머리로 표현되어 있다! 지금 당신의 머릿속에 떠오르는 다윗은 미켈란젤로의 유명한 다윗 조각상처럼 머리카락이 꼬불꼬불한 모습일 것이다. 그 다윗이 바로 이 다윗 왕과 동일 인물이다. 트럼프 카드 속 다윗의 얼굴은 전 세계에 알려진 다윗 상과 큰 차이가 있어 보인다. 이와 관련해서는 미켈란젤로가 확실히 위대한 예술가였다고 감탄하는 것 말고는 달리 설명할 길이 없다. 우리는 그냥 트럼프 카드를 가지고 놀 뿐이지 박물관에 두는 예술 작품으로 만들려는 게 아니기 때문에 군이 여기서는 따지지 않기로 하자.

다윗 왕은 루저Loser에서 강자로 변신한 성공 스토리의 대표적인 인물이라고 할 수 있다. 그는 이스라엘에서 양을 치던 소년에 불과했다. 당시 어리고 키도 작았던 다윗은 한 번도 군사 훈련을 받은 적이 없었고, 값비싼 전포戰袍, 갑옷투구, 창검도 없이 보잘것없는 물매 하나만 달랑 가지고 있었다.

물매에 대해서 간단히 설명해 보겠다. 물매는 무릿매라고도 부른다. 돌을 물매에 놓고 고리처럼 만든 줄 한쪽 끝을 집게손가락에 걸어 고정한 뒤, 줄 반대쪽 끝을 엄지손가락과 집게손가락으로 꽉 잡는다. 그런 다음 힘껏 물매를 흔들다가 적당할 때 놓으면 돌이 날아가는 원리다. 사냥용 무기나 방목 도구로 사용할 수 있는데, 지금도 많은 지역에서 양치기들이 양떼를 몰 때 물매를 사용한다.

다윗과 거인 골리앗

어리고 약한 데다 물매가 유일한 무기였던 다윗이 대체 어디를 가려고 했을까? 그는 당시 가장 무서운 괴물이었던 거인 골리앗과 싸우러 간 것이다. 《성경》에서 골리앗은 마치 게임의 마지막 관문인 대마왕 같은 존재다! 《성경》에 보면 골리앗의 신장이 '여섯 규빗 한 뼘(1규빗은 팔꿈치에서 가운뎃손가락 끝까지의 길이로, 약 45센티미터-역주)' 이라고 나오는데, 지금의 단위로 환산하면 3미터 정도 된다.

모든 사람들이 두려움에 떨고 있을 때, 오직 다윗만이 골리앗을 무서워하지 않았다. 다윗은 골리앗을 향해 돌진했다. 그리고 주머니에서 돌 하나를 꺼내 물매에 놓고, 있는 힘껏 던졌다. 그렇게 날아간 돌이 골리앗의 머리에 명중했고, 거인은 그 자리에 쓰러져 숨을 거두었다. 다윗은 이스라엘 사람들에게는 승리를 안겨주었고, 본인은 왕위에 올랐다.

용감하고 두려움을 모르던 소년 다윗은 훗날 경건하게 하느님을 믿고 정무에 힘쓰며 백성들을 돌보는 왕이 되어 약 40년간 나라를 다스린다. 다윗이 많은 사람들에게 사랑과 존경을 받았기 때문에 다윗의 영문 이름 'David'는 히브리어에서 '친애하는, 사랑하는, 사랑 받는 자'라는 뜻이 있다. 'David'는 지금까지도 인기가 많은 이름이다. 이스라엘과 영미권의 수많은 사람들이 자녀의 이름으로 'David'를 선호한다. 중화민국 내정부후정사內政部戸政司가 2001~2015년 결혼등록통계자료를 토대로 가장 많이 등장한 외국인 이름을 1위에서 10위까지 선별했는데, 남자 이름 부문에서는 'David'가 단연 1위를 차지했다.

다윗의 조국인 이스라엘은 지금도 다윗에 대해 남다른 애정을 가지고 있다. 2017년 거금을 들여 개발한 신형 중거리 요격 미사일 체계에 '다윗의 물매David's Sling(다윗의 돌팔매)'라는 이름을 붙였다. 그 의미에 대해서는 이제 굳이 더 말하지 않아도 알 것이다.

하트(♥) - 샤를마뉴

샤를마뉴는 원래 샤를Charle로 불렸는데, 이후 그의 업적이 너무 훌륭하다는 이유로 샤를마뉴Charlemagne가 되었다. '마뉴magne'는 위대하다는 뜻의 라틴어 'magnus(마그누스)'에서 유래했기 때문에 샤를마뉴는 사실 '위대한 샤를'을 가리킨다.

샤를이 왜 그렇게 대단한 것일까? 유럽은 로마제국이 멸망한 뒤 붕괴하기 시작했다. 지방이 분열되고 매일같이 유럽 북부에서 야만족(이 중 하나가 프랑크족이었다-저자)들이 싸움을 걸어와 소란을 피웠다. 샤를은 서유럽의 질서를 정돈하기 위해 노력했고, 분열된 서유럽을 재통일하며 거대한 샤를마뉴 제국을 만들었다.

이 대단했던 제국은 샤를마뉴의 손자 시대에 와서 분열되어 서부는 지금의 프랑스, 중부는 이탈리아, 동부는 독일의 전신前身이 되었다. 오늘날 G7(Group of Seven, 7개 선진국 모임) 중 세 나라가 샤를마뉴 제국에 속했던 걸 보면, 왜 그가 '유럽의 아버지'라고 불리는지 고개가 절로 끄덕여질 것이다.

샤를마뉴

   샤를의 위대한 점은 단지 무력만 강한 것이 아니라 지혜로운 국
왕이었다는 데 있었다. 그는 기독교의 힘을 이용했다. 800년 성탄절
에 당시 교황이던 레오 3세가 샤를에게 관을 씌워주며 그를 '로마인
의 황제'라고 불렀다. 이것은 역사적으로 굉장히 의미 있는 사건이
었다. 만약 샤를이 무력에 의지해서만 천하를 쟁취했다면, 역사에서
그는 때려죽이는 것만 할 줄 아는 야만족으로 기록되고 위대한 샤

를이 될 수 없었을 것이다. 하지만 그는 교황의 손을 빌려 황제의 관을 씀으로써 기독교 세계로 통하는 입장권을 손에 넣었다. 서양 세계에서 기독교의 인정을 받는다는 것은 질서와 인심을 장악한다는 걸 의미했다. '로마인의 황제'라는 칭호는 이보다 더 거대한 상징적인 의미가 있었다. 로마제국이 멸망하면 누가 로마의 힘을 이어받을 수 있을까? 누가 고대 로마의 영광을 회복할 수 있을까? 누가 로마처럼 시민들에게 부강하고 안정적인 삶을 가져다줄 수 있을까? 야만족이 분분히 일어나던 수백 년이 지나 우리는 마침내 유럽의 질서를 회복해 줄 한 줄기 빛을 보게 된다. 샤를, 바로 당신이었어! 찬란했던 당시 로마 시대로 우리를 데려다줄 사람이!

구글에서 샤를마뉴를 검색해 보면 수염이 덥수룩한 아저씨 사진이 나온다. 그런데 트럼프 카드 킹 네 장 중에서 수염이 없는 카드는 하트 킹이 유일하다. 왜일까? 딱히 이유가 있는 것 같지는 않다. 일찍이 끌로 목판에 샤를 국왕 상을 조각하던 공예가가 있었는데, 손이 미끄러져 끌도 따라 미끄러지면서 윗입술에 있던 수염이 떨어져 나갔다는 이야기가 전해진다. 이후 하트 카드를 새긴 회화 작품이 하필 이 목판화를 본으로 한 까닭에 하트 킹이 수염 없는 모습이 된 것이다.

클로버(♣) – 알렉산더

알렉산더는 13년간 국왕의 자리에 있었다. 그는 이 13년이라는 통치 기간 동안 자신의 뛰어난 재능과 원대한 계략을 유감없이 보여주었다. 작은 마케도니아의 왕 알렉산더는 줄곧 동쪽으로 진출하며 유럽, 아시아, 아프리카 세 대륙에 걸친 대제국을 건설했다. 여기에는 마케도니아보다 영토가 무려 50배나 넓고 그 시대에 가장 강력했던 페르시아제국도 포함되어 있었다. 그 당시 동양에서 가장 위대하고 번영했던 도시 바빌론에 쳐들어갔을 때, 알렉산더는 의기양양해하며 스스로에게 '바빌론과 세상의 왕'이라는 칭호를 붙였다. 영화 〈타이타닉〉에서 레오나르도 디카프리오가 외친 대사, "I am the king of the world(나는 세상의 왕이다)."는 알렉산더를 모방한 것이 틀림없다.

이렇듯 정복에 혈안이던 알렉산더도 세상 끝까지 정복하지는 못했다. 인도를 공격해 승리를 거둔 뒤 바빌론으로 돌아오는 길에 알렉산더는 열이 나기 시작했다. 발열은 열흘 넘게 지속되었고, 결국 알렉산더는 서른셋의 나이로 찬란했던 인생에 마침표를 찍었다.

알렉산더는 죽기 전에 인생의 무상함을 깊이 깨달았다고 한다. 600만 제곱킬로미터에 가까운 영토를 정복한 인생의 승리자도 이기지 못한 적수가 있었으니, 그것은 바로 죽음이었다. 알렉산더는 자신의 생명이 시들어가는 것을 막지 못했다.

한창 나이에 세상을 떠난 알렉산더는 자신을 안장할 때 관에 구

알렉산더대왕

멍 두 개를 뚫어 두 손이 밖으로 나올 수 있게 해 달라는 유언을 남겼다. 생전에 아무리 많은 것을 가지고 있다고 해도, 죽을 때는 아무 것도 없이 빈손으로 간다는 것을 세상 사람들에게 알려주고 싶었던 것이다.

하지만 역사 교사로서 나는 알렉산더의 이런 생각에 동의하지 않는다. 생전에 여러 곳에서 전쟁을 벌였지만 알렉산더를 무력을 남용한 폭군으로 보는 경우는 드물다. 로마제국 시대의 유명 전기 작가 플루타르코스Plutarchus는 알렉산더를 이렇게 묘사했다. "알렉산더에게 정복당한 사람들이 그에게 정복될 위기를 모면한 사람들보다 훨씬 행복했다." 더 나아가 독일 철학자 헤겔Hegel은 알렉산더에게 이런

찬사를 보냈다. "알렉산더는 가장 아름다운 영웅적 인물이다. 그는 그리스 문화를 아시아 전체에 전파했고, 아시아를 대상으로 벌인 그의 군사행동은 사실 탐색의 여정이었다."

　알렉산더대왕, 그대가 정복했던 제국은 분열되고 역사의 거대한 수레바퀴가 굴러가는 동안 사라졌을지 모르지만, 그대에게 정복당한 사람들이 그대가 가져온 문명과 가치를 칭송하는 마음은 지금도 대대손손 이어지고 있다오. 추운 겨울을 골라 활짝 피는 클로버처럼 눈길을 끄는 존재로 남아….

다이아몬드(◆) - 카이사르

　타일, 욕실, 식당, 샐러드 등 수많은 제품의 이름으로 사용되는 카이사르Caesar(영어 발음은 시저)는 어떻게 보면 아주머니들이 가장 친숙하게 여기는 외국인이자 타이완에서 인지도가 가장 높은 국왕이라고 할 수 있다. 하지만 카이사르는 사실 트럼프 카드 킹 네 명 중에 국왕의 자리에 오른 적이 없는 유일한 남자다! 로마 집정관이던 그는 준準 황제급인 종신 독재관Dictator Perpetuo이 되었다. 살면서 단 하루도 국왕이었던 적은 없지만, 카이사르라는 이름은 그가 세상을 떠난 후 '통치자'의 대명사가 되었다. 라틴어 Caesar(카이사르), 게르만어 Kaiser(카이저), 슬라브어 Tsar(차르)는 표기가 달라도 전부 제왕이라는 뜻이다. 이제는 왜 그렇게 많은 상품이 카이사르라고 이름을 지었는지 감이 오지 않는가? 카이사르라는 단어는 고급스러움을 표방한다는 의미와 같기 때문이다.

카이사르의 매력에 대해 이야기하자면 가장 먼저 싸움을 잘했다는 걸 빼놓을 수 없다. 그가 남긴 "왔노라, 보았노라, 이겼노라VENI VIDI VICI!"는 정말이지 끝내주게 멋진 명언이다. 내가 여기에 왔고 이 땅을 보았는데, 그다음 결과가 어떻게 됐는지 굳이 물을 필요가 있나? 내가 카이사르인데? 당연히 정복하고도 남았지! 이는 카이사르가 전선 전황에 대해 로마 원로원에 보낸 서신 내용이었다. VENI, VIDI, VICI(베니, 비디, 비치) 이 세 라틴어는 카이사르의 패기와 뛰어난 군사적 능력을 보여준다. 잘난 걸 어떡하라고!

카이사르의 두 번째 매력 포인트는 돈을 뿌려 팬 층을 넓힐 줄 알았다는 것이다. 그는 돈을 잔뜩 빌려서 다양한 이벤트를 열었다. 예를 들면, 로마 경기장에서 글래디에이터Gladiator(검투사) 경기를 개최하고 군중을 초대해 무료로 관람하게 했다. 또 파티를 자주 열어 사람들이 배불리 먹고 마시게 했다. 그래서 당시 로마 시민들은 카이사르를 무척 좋아했다. 기록에 따르면 사람들의 환심을 사기 위해서 카이사르는 정식으로 관리가 되기 전에 금화 1,300여 개를 빚졌는데, 지금으로 따지면 260억 타이완 달러(한화 약 1조 5백억 원)에 해당하는 금액이다. 이렇게 많은 돈을 빚지고도 용감하게 정치계에 발을 들인 카이사르는 정말이지 뒷일은 전혀 생각하지 않을 정도로 낙천적인 사내였다. 아마도 마음 내키는 대로 하고 싶은 걸 다 하는 이런 성격 탓에 어마어마한 빚을 지기는 했지만, 카이사르는 당시 로마에

카이사르

서 엄청난 인기를 구가했다.

카이사르에게는 또 한 가지 흥미로운 인격적 특징이 있었는데, 바로 엄청난 호색한이었다는 것이다. 널리 알려진 클레오파트라와의 스캔들 이외에도, 카이사르는 로마의 수많은 상류사회 여성들과 왕래했다. 로마 시대의 유명 작가 키케로Cicero는 사적인 편지에서 카이사르가 못해도 원로원 의원 200명(전체 의원 수의 3분의 1)에게 녹색 모자를 씌웠다(바람난 아내를 둔 남편을 가리키는 중국식 표현-역주)고 언급했다. 카이사르가 남의 부인과 동침하기로 유명했기 때문이다. 카이사르가 대군을 이끌고 로마로 돌아올 때, 카이사르의 병사들은 성 안에 들어가면서 이렇게 외쳤다. "로마 시민들이여! 조심하시라. 대머리 호색한이 그대들의 부인과 동침을 준비 중이니!" 이는 카이사르가 전쟁에서 승리하고 돌아올 때 성으로 진입하며 외치는 구호였다.

오늘날 다이아몬드 킹을 자세히 들여다보면, 도끼와 비슷하게 생긴 기구를 들고 있는 걸 알 수 있다. 그런데 그것은 사실 그냥 도끼가 아니다. 고대 로마 집정관의 권력과 위신을 상징하는 도구로, 막대기 사이에 도끼를 끼운 속한束桿, fasces(속한은 자작나무 막대기를 붉은 가죽 띠로 묶고 막대기 사이에 날선 청동 도끼를 끼운 것으로, 권력과 사법권 또는 '통합을 통한 힘'을 상징한다. 묶음을 뜻하는 라틴어 'fascio[파쇼]'에서 파시즘의 라틴어 'Fascismo[파시즈모]'가 유래했다.)이라는 것이다.

맺는말

네 국왕의 이야기를 읽고 지식이 좀 늘어난 것 같은가? 다음에 카드놀이를 할 때는 다윗이나 샤를마뉴 같은 사람들의 역사 이야기를 친구들과 함께 나누어 보자.

운이 좋으면 다들 우러러보는 눈빛으로 당신을 바라볼 것이고, 운이 나쁘면 흥이 깨진 사람들의 극혐하는 눈초리를 받음과 동시에 이후 게임에는 초대받지 못할 수도 있으니, 결과가 좋을지 나쁠지는 장담 못하겠다!

2

성인(聖人, SAINT)의 고단한 삶

일을 하면서 가끔씩 이런 불평을 할 때가 있다. 사는 게 참 고달프다고.

나처럼 소심하고 너그럽지 못한 데다 제멋대로인 사람, 어떻게든 아등바등 살아가는 보통 사람은 이 세상에서 살아남기가 참 힘들다는 생각을 자주 한다. 그렇다면 성인聖人은 어떨까? 어떻게 해야 세상을 만족시키는 삶을 살아갈 수 있을까? '성인'이란 전통적인 유교 문화의 관점에서 보면, 인품과 지혜가 평범한 수준을 뛰어넘은 사람을 가리킨다. 즉《대학大學》에서 말하는 지어지선止於至善(지극한 선에 머무르다)으로 덕행이 완전무결한 경지에 이른 사람인 것이다. 요순우탕堯舜禹湯(중국 최고의 성군 네 명)과 지성선사至聖先師(지덕이 높은 최고 성인) 공자는 모두 유교에서 인정하는 성인들이다.

그런데 동양의 문화는 오묘한 구석이 있어서 이해하기가 쉽지 않다. 성인에 대한 좀 더 정확한 정의를 알고 싶어서 계속 붙잡고 조사해도 확실한 답을 얻기가 힘들다. 공자는 성인에 대해 이렇게 말했다. "성인이란 인품과 덕성이 세상의 도리에 부합하고, 자유자재로 변통할 수 있으며, 모든 사물의 기점起點과 종점終點을 탐구하고 그것이 자연의 법칙에 부합하여 우주의 규칙에 따라 이루어지게 할 수 있는 사람이다. 성인은 해와 달처럼 밝고, 신과 같은 교화의 힘이 있다. 아래 백성들은 그의 덕행을 모르고, 그를 보는 사람도 그가 바로 곁에 있음을 알지 못한다. 이런 사람이 바로 성인이다.(孔子曰: "所謂聖者, 德合於天地, 變通無方, 窮萬事之終始, 協庶品之自然, 敷其大道而遂成情性; 明並日月, 化行若神, 下民不知其德, 睹者不識其鄰。此謂聖人也。" ―《공자가어·오의해孔子家語 五儀解》

눈으로 보고도 곁에 있는 걸 알지 못한다고? 공자의 정의대로라면 성인은 귀신과 별로 다를 게 없어 보인다.

반면 서양 기독교 세계에서 성인의 정의는 아주 명쾌하다. 일정 수속을 거쳐 성인 신청서를 제출하는데, 조건에 부합해서 심사를 통과하고 교회의 책봉 의식을 거치기만 하면 정식으로 '성인'이 될 수 있다. 이 인증 과정은 시성諡聖, canonization이라는 명칭으로 불린다. 라틴어로는 'Canonizatio'이며 "성인의 대열에 들어갔다"는 의미다.

성인이 되어 이름 앞에 '성聖, saints; St' 자를 다는 것은 어벤저스 멤버가 되는 것보다 힘든 일이다. 나는 학생들에게 역사 교과서나 관련 문헌을 읽다가 이름 앞에 '성' 자가 보이면, 머리를 숙여 경의를 표

해도 그만한 가치가 있다는 이야기를 자주 한다.

왜일까? 슈퍼 히어로가 되는 것보다 성인이 되는 조건이 훨씬 더 까다롭기 때문이다.

첫 번째 필요조건은 이것이다. "반드시 죽은 사람이어야 성인이 될 방법이 있다."

대 교황 그레고리 1세Pope Gregory the Great(590~604)는 중세 교종敎宗(교황)의 아버지라고 불리고 '하느님 종들의 종Servus Servorum'으로 자칭했다. 그는 재위 기간 동안 제멋대로 권력을 확대해 교황의 지위를 황제 수준까지 끌어올렸을 뿐 아니라(그래서 교종을 교황이라고도 부르는 것이다-저자), 독선적으로 다음과 같이 선포하기도 했다. "살아 있는 사람은 성인으로 불릴 수 없다."

다시 말해 죽은 사람이어야만 성인으로 불릴 자격이 있다는 것이다. 물론 아무렇게나 죽어서도 안 된다. 도로에서 엉터리로 운전을 해 죽음을 자초하는 건 성인이 되는 길과는 완전히 거리가 멀다. 가장 좋은 방법은 기독교에 대한 굳건한 믿음으로 자신의 생명을 바쳐 순교하는 것이다. 이렇게 희생하는 경우라면 사후 성인이 될 확률이 85퍼센트 정도 된다.

두 번째 조건은 죽고 나서 반드시 로마 교황청의 공식 인증을 받아야 한다는 것이다.

수많은 지방 교회들이 각자 시성식을 행한 탓에 곳곳에서 성인이 양산되었다. 의미가 퇴색될 정도로 성인의 수가 많아지자 로마 교황청도 "수량을 한정해야 가치가 있다"는 잔혹한 법칙을 깨달았다. 또

그레고리 1세

오직 하나뿐인 '성인 독점 시장'을 통해 교황청의 위신과 영향력을 강화하기를 바랐다. 그래서 13세기에 로마 교황청에서 시성해야만 성인이며, 공식 인증이 없으면 전부 짝퉁에 불과하다고 공표했다.

성인은 기적의 순간을 목격했다

마지막 조건은 가장 중요한 조건이기도 하다. 기독교 성인으로서 올곧은 성품과 하느님을 위해 죽을 수 있는 마음가짐도 중요하지만, 생전이나 사후에 개인의 영향력으로 기적을 보여준 적이 있는지 여부가 제일 중요하다. 순교했다면 적어도 한 번, 순교한 게 아니라면 최소 두 번은 기적이 나타나야 한다.

하느님의 아들 예수는 살아 있을 때 수많은 기적을 행했다. 예수 스스로도 죽었다가 부활했고, 예수의 친구 나사로Lazarus가 죽은 뒤 나흘째 되는 날 "나사로야 일어나라" 하는 예수의 말에 다시 살아났다. 예수가 손으로 어루만지면 소경이 눈을 뜨고 귀머거리의 귀가 들리며 중풍병자가 일어나 걸었다(소경과 귀머거리는 성경에 나오는 표현이다-역주). 그야말로 예수는 집에 있든 여행을 다니든 반드시 챙겨야 하는 양약良藥과 같은 존재였다. 따라서 예수의 제자로서 성인이 되려고 해도 최소 한두 번은 기적의 순간을 목격해야 하는 것이다.

노벨평화상을 수상하고 인도 콜카타에서 수많은 빈민과 병자 구제 활동을 벌인 테레사 수녀가 1997년 9월 11일 선종했다. 그해 〈중국시보中國時報〉 제5판에 실린 헤드라인은 "교황청, 시성諡聖 위해 기적 기다려"였다.

교황청은 얼마나 오랫동안 기다렸을까? 가장 먼저 1998년 인도 콜카타에 사는 한 여성이 밤에 테레사 수녀 사진을 배에 묶고 잠을 잤는데, 일어나 보니 위에 있던 악성 종양이 말끔하게 사라졌다. 이

예수와 나사로

렇게 첫 번째 기적을 '겟GET'했다! 2008년 뇌종양으로 목숨이 오늘 내일 하던 브라질 남성이 있었다. 그의 아내는 절망적인 상황에서도 남편을 포기하지 않고 선종한 테레사 수녀에게 열심히 기도를 드렸다. 그랬더니 세상에, 남편의 병이 싹 다 나은 게 아닌가! 정말 신기할 따름이었다.

이에 교황청은 이 기적들을 두고 회의와 논의를 거듭했다. 또 심사 위원회에서 오랫동안 관찰하며 해당 환자들의 병이 완치된 사실과 그 원인을 의학적으로 설명할 수 없다는 것을 확인했다. 과학적으로 설명할 수 있는 모든 가능성을 배제하고 남은 불가능은, 테레사 수녀가 기도를 들어준 거라고밖에 설명할 방법이 없다.

그래서 2016년 프란치스코 교황Pope Francis은 바티칸에서 테레사 수녀를 성인聖人으로 정식 선포했다. 당시 수만 명이 넘는 천주교 신도들이 바티칸 성 베드로 성당 앞 광장에 모여 테레사 수녀가 성인이 되는 역사적인 순간을 함께했다.

1997년 세상을 떠나고 2016년 성인으로 정식 추대되기까지, 마더 테레사Mother Teresa는 선종 19년 만에 콜카타의 성녀 테레사St Teresa of Calcutta로 성인의 반열에 올랐다. 생전에 오랫동안 어려운 사람들을 위해서 헌신한 것은 말할 필요도 없고, 테레사 수녀는 위대한 사랑으로 수많은 일을 행했다. 성인이 되는 길은 정말 기나긴 여정이다.

성인은 정말 평범한 사람이 아니었다

평범한 사람으로 우리의 소소한 일상을 좀 더 소중하게 여길 수 있도록 이제는 두 성인의 범상치 않은 인생에 대해 이야기해보자.

생드니(Saint-Denis)

생드니는 3세기 프랑스의 초대 주교로, 당시 기독교는 여전히 로마제국의 박해를 받는 대상이었다. 파리 주교로서 생드니는 당시 로

생드니

마 병사들에게 붙잡혀 목이 잘려 순교했다. 그런데 곧바로 기적이 일어났다. 전해지는 바는 이러했다. 생드니는 자신의 머리를 주워 아무 일도 없었다는 듯 일어나더니 길을 걸으며 설교를 했다. 그렇게 그는 10킬로미터를 더 걸었고, 현장에 있던 로마 병사들은 믿을 수 없는 광경에 그만 넋을 잃었다. 잘린 머리를 안고 설교를 했다는 이야기는 너무 기적 같아서 회화나 조각 등 수많은 예술 작품의 주제로 사용되었다.

　이런 격정적인 순교 이야기 덕분에 그는 프랑스와 파리의 수호성인이 되었다. 기독교 교회에서는 프랑스와 파리의 수호신으로 존경을 받는다. 머리가 아플 때 생드니에게 기도하면 통증이 완화된다는 말도 들린다.

그런데 이건 신학적인 논리로도 받아들이기 힘든 이야기다. 두통이 있을 때 머리 없는 성인에게 기도를 한다? 생드니가 한탄하지 않았을까? 어쩌면 이렇게 생각했을지도 모른다. "아플 머리라도 있다는 게 부럽다!"라고. 신도들에 대한 포용력도 남다르니, 역시 성인은 성인이라고밖에 말할 수 없겠다.

성 바바라(Saint Barbara)

성 바바라는 태어난 해와 죽은 해가 분명하지 않지만, 돈 많은 이교도의 딸이었다고 전해진다. 통제광control freak인 아버지는 그녀를 고탑에 가두었다. 어둡고 적막한 고탑에서 바바라는 예수 그리스도에 대한 믿음으로 힘겨운 시간을 버티며 신실한 기독교인이 되었고, 아버지가 비즈니스로 맺은 자신의 정략결혼을 거부했다.

바바라가 기독교인이 된 걸로도 모자라 본인의 뜻까지 거역하자 화가 난 아버지는 검으로 그녀를 죽이려고 했다. 검이 자신을 베려는 그때, 바바라는 온 힘을 집중해서 기도를 드렸고 기적이 나타났다! 신의 능력이 대단하긴 했던 것이다. 바바라는 순간 이동으로 고탑을 탈출했다.

하지만 신이 다른 일 때문에 바빴는지 탈출한 지 얼마 되지 않아 다시 붙잡히고 말았다. 아버지는 제 손으로 딸을 현지 정부에 넘겼고, 감옥에 갇힌 바바라는 날마다 갖은 혹형으로 고통을 받았다. 그녀는 하루도 빠짐없이 기도했는데, 매일 아침 상처가 나으면 또 다른 고문으로 새로운 상처가 생겼다.

결국 바바라는 사형선고를 받고 통제광인 아버지가 사람들이 보는 앞에서 직접 딸을 참수했다. 하느님도 제정신이 아닌 이런 아비를 가만히 두고 볼 수만은 없었던 모양이다. 그는 바바라의 사형을 집행한 후 집으로 돌아가는 길에 하늘에서 떨어진 날벼락을 맞아 잿더미로 변해버렸다. 한편 바바라는 견고한 신앙심 덕분에 사후에 시성되어 '성 바바라'가 되었다.

심각한 가정 폭력의 피해자로서 성 바바라와 이 전대미문의 아동학대 사건은 서양 미술에서 중요한 창작 주제가 되었다. 성 바바라의 형상은 각종 벽화, 유화, 조각, 스테인드글라스stained glass, 수공제품에 등장했다.

성 바바라를 알아보는 방법은 아주 쉽다. 그림에 소녀가 있고 그 옆에 고탑이 있으면 성 바바라로 보아도 무방하다.

이야기의 결말 부분에서 번개와 화염 등 특수효과가 워낙 화려하다 보니 성 바바라는 포병, 광부, 소방관, 기타 폭발물 사용과 관련된 직업에서 숭배하는 대상이 되었다. 지금까지도 성 바바라는 영국 황실 해군 포병의 수호신이며, 독일 광부의 수호신이기도 하다. 체코에서 터널 폭파 작업을 진행하는 동안, 작업자들이 장차 터널 입구가 될 장소 근처에 비호의 상징으로 성 바바라 조각상을 놓아두기도 했다.

지금까지 성인이 될 가능성과 성인들의 이야기를 살펴보았는데, 성인이 되고 싶은 마음이 드는가?

나는 차라리 소심하고 너그럽지 못하며 제멋대로인 나로 남는 편

성 바바라

을 택하겠다. 르네상스의 아버지 프란체스코 페트라르카Francesco
Petrarca는 이렇게 말했다. "나는 평범한 사람이고, 평범한 사람의 행
복만을 추구한다." 나는 기적을 만들고 싶은 생각도 없고, 여호와를
위해 희생하겠다는 원대한 이상과 포부는 더더욱 없다. 그저 우웨톈
(五月天, 타이완의 유명 록밴드)의 〈소망가笑忘歌(웃고 잊는 노래)〉를 부르며
스스로를 위로할 뿐이다. "이번 생은 그냥 평범하고 즐겁게 살고 싶
어. 어느 누가 이런 삶이 위대하지 않다고 말하겠어?"

3

레이디(LADY)는
정말 퍼스트(FIRST)일까?

보통 중세 기사에 대해서 이야기할 때, 학생들은 머릿속에 딱 떠오르는 이미지를 이렇게 묘사한다. 투구와 갑옷, 검과 방패로 완전 무장한 사람이 잘생긴 백마와 함께 있는 모습이라고 말이다. 여기에 용맹하고 충성스러우며 성실하고 믿음직한 인물이라는 설정이 추가된다. 마치 등장할 때마다 이런 자체 BGM이 깔릴 것 같은 이미지인 것이다. "내게 명예가 있으면 난 풍랑이 두렵지 않네, 풍랑이 두렵지 않네(타이완 보이스카우트 노래 가사-역주)."

만약 여학생들이 떠올리는 환상이라면 대부분 핑크빛 필터가 씌워진다. 남자 주인공 주변에 여자 주인공이 여러 명 추가되는 등 로맨스 요소가 더해지는 것이다. 기사는 사랑하는 사람 곁을 지키는 충직한 캐릭터가 대부분이다. 사랑하지만 감히 그럴 수 없어 묵묵히

기사 페르스발이 사랑하는 사람에게 작별 인사를 하는 장면

그녀를 보호한다는 줄거리는 보는 사람의 애간장을 태운다. 한편 독
단적이고 조금은 거친 설정을 좋아하는 사람들이 그리는 기사의 모
습은 이럴 것이다. 평소에는 차갑고 말이 없다가 사랑하는 여인한테
만큼은 한없이 자상하고 부드러운 기사인데, 실수로 거친 매력이 드
러나는 것이다. 이쯤 되면 소녀들의 "꺄아!" 하는 소리가 현실 속 교
실에서 터져 나오고도 남으리라.

　그런데 실제로 이런 환상이 시작된 근거가 있다. 12세기 말 프랑
스 기사의 문학 작품《그라알 이야기Perceval ou le roman du graal》에 이
처럼 소녀들의 마음에 불을 지핀 대사가 있었던 것이다. 전투하러
나가기 전, 기사 페르스발이 사랑하는 여인에게 폼나게 이런 대사를
던진다. "내가 놈을 이기거나 죽이고 돌아온다면 그대는 반드시 내
게 사랑으로 보답해주시오. 다른 건 아무것도 필요 없소!" 수백 년
후 충야오(瓊瑤, 타이완 출신의 연애 소설 대가이며, 대표작으로는《황제의

딸; 원제 還珠格格》이 있다-역주)의 작품 속 마징타오(馬景濤, 충야오 작품
에 단골로 출연한 남자 배우-역주)가 이 대사를 봤다면 아마 페르스발에
게 경의를 표하지 않았을까 싶다.

　이런 기록은 문학 작품에만 있었던 게 아니라 12세기 프랑스 사
설에도 등장했다. "모든 사람은 여성에게 은총을 받기 위해서 충성
을 다해야 한다…. 이 세상 사람들이 행하는 모든 선한 일들은 여성
에 대한 사랑에서 비롯된 것이며, 여성에게 칭찬을 받기 위한 것이
기 때문이다…." 당시 귀족 사회에서는 심지어 이런 논조도 있었다.
모든 여성을 왕비로 여기고, 기사로서 사랑을 일종의 예술이자 신앙
으로 간주해야 자신의 영혼을 승화시킬 수 있다는 것이다.

　이것은 남자들의 괜한 허풍에 불과할까 아니면 역사적 진실일까?
중세 기사들이 정말 품위 있고 여성을 보호와 우러름을 받는 대상
으로 생각했을까?

중세에도 여성 혐오가 있었다!

　일부러 장밋빛 환상을 깨트리려는 건 아니지만, 사실 한 가지 개
념을 숙지하고 있어야 한다. 기독교 신앙이 뒤덮은 유럽 세계에서 여
성의 지위는 오랫동안 극도로 비참한 상태에 놓여 있었다는 것이다.

　모두에게 익숙한 아담과 하와 이야기를 예로 들어보겠다. 하와는
구약 성경 세계에서 최초의 여성으로, 하느님이 아담에게 짝을 만들

사도 바울

어주기 위해 창조한 존재에 불과하다. 아담은 남자로서 완전한 사람이고, 하와는 여자로서 아담의 갈빗대로 만든 화신化身일 뿐이다.

성경에서 말하는 하와는 갈빗대가 변한 사람의 형상이기 때문에 무지몽매한 여자다. 그래서 뱀의 감언이설에 속아 넘어갔고, 본인이 먹은 걸로도 모자라 아담까지 꼬드겨 먹어서는 안 될 선악과를 먹게 했다. 이로 인해 인류의 액운이 시작되었다. 이 모든 불행은 여자가 남자를 유혹했기 때문이다! 여기에서 기적의 논리가 등장한다. 여자는 반드시 남자의 통치를 받고 출산의 고통을 감내해야 한다는 것이다.

신약에서 사도 바울은 "아내는 자기 남편에게 복종해야 한다"라고 끊임없이 강조한다. 에베소서 5장 22~33절에서 가장 유명한 구절은 "아내들이여, 자기 남편에게 복종하기를 주께 하듯 하라. 이는 남편이 아내의 머리 됨이니"라는 부분일 것이다. 오늘날 여권주의자들이 이 구절을 봤다면 그 자리에서 들고 일어나 바울과 싸우려 들지도 모른다.

하지만 벌써부터 발끈하기는 이르다. 이보다 더 현대인들이 이해하기 힘든 황당한 견해가 이어지기 때문이다.

성경의 내용은 중세 유럽인들이 신봉하는 유일한 기준이었다. 따라서 신학이 사회를 좌지우지하는 당시 시대적 분위기 속에서 여성은 남성의 부속물 같은 존재가 될 수밖에 없었다.

그 시대에 지위가 있던 많은 사람들은 여성들에게 교육 받을 수 있는 기회를 너무 많이 주면 안 된다고 생각했다. 첫 번째 이유는 여러 가지 능력 면에서 여성이 남성보다 선천적으로 뒤쳐진다는 것이다. 그러니 상대적으로 능력이 없는 사람들에게 교육 자원을 낭비할 필요가 없다고 보았다. 두 번째 이유는 여성이 교육을 받으면 반항적으로 변해 사회 전체의 불화를 야기하고, 전체 사회 질서에 가져올 이익보다 폐단이 더 크다는 것이다.

중세 시대에 발언권을 장악한 신학자들은 화목한 혼인 관계를 유지하는 데 있어서 아내의 책임이 남편보다 훨씬 크다고 생각했다. 남편은 밖에서 돈을 버느라 힘들기도 하고, 각종 공적 업무에도 참여해야 하기 때문에 스트레스가 많다는 것이다. 따라서 남편이 가끔

성질을 부리고 고성을 질러도, 심지어 손찌검을 해도 그러려니 하고 받아들이라는 논리다. 아내는 냉정하고 숙련된 조련사처럼 격노한 사자를 대하듯이 감정 조절에 실패한 배우자를 잘 다독여야 한다. 절대적인 인내심과 친절함을 지녀야 하며 지혜롭고 상냥하게 남편을 진정시켜야 한다. 상대방이 말도 안 되는 부당한 행위를 한다고 해도, 아내로서 용서하고 허물을 덮어주기 위해 최대한 노력해야 한다고 보았다.

나 참, 내가 지금 뭘 본 거지? 혹시 여기까지 읽으면서 험한 말을 쏟아낼 것이지 뻔하지 않았는가? 남자가 정말 여자보다 선천적으로 능력이 뛰어나다면, 스트레스를 받았을 때 왜 앞뒤 안 가리고 무너지게끔 스스로를 내버려둘까? 여자가 남자보다 선천적으로 능력이 떨어진다면, 어째서 각종 난장판을 수습할 무적의 능력을 갖추라고 요구하는 것일까?

여성들이여, 성급하게 분통을 터트릴 필요는 없다. 테드TED 영상 조회 수 4천만 뷰를 넘긴 유명 강연자 브레네 브라운Brene Brown은 '취약성의 힘'이라는 주제로 강연하면서, 자신이 취약하다는 점을 받아들이면 더 큰 힘이 생긴다고 언급했다.

중세 시대 취약 계층인 여성이라는 신분이 법률적으로는 보호막 기능을 할 때도 있었다.

중세 사회 질서를 지배한 교회법은 성경에서 남성에게 종속될 것을 여성에게 요구했다. 여성에게는 독립적으로 행동할 능력이 없으며 당연히 남편의 행동에 영향을 주거나 좌지우지할 수도 없다고 보았다. 따라서 아내는 남편의 범죄에 연루될 필요가 없었다(이럴 수가, 그럼 애초에 아담은 왜 하와 말을 듣고 선악과를 따 먹었을까? 중세 시대의 논리는 대체 어디에서 나온 것일까?-저자)

전체적으로 중세 사회에서는 여성이 선천적으로 취약하기 때문에 더 많은 보호와 이해를 받을 필요가 있다고 강조하는 분위기였다. 결혼과 관련된 법 조항에는 간통한 남자가 간통한 여자보다 더 엄격한 처벌을 받아야 한다고 명시되어 있었다…. 이렇게 보니 분이 좀 풀리는 것 같은가?

기사는 우리가 상상했던 모습과 다르다?

어쩐지 우리가 처음에 상상했던 기사의 모습과는 상당한 거리가 있는 것 같다…. 설마 기사 정신은 전부 만들어진 것이고, 투구와 갑옷 뒤에 있는 그대의 믿음직한 표정은 전부 문학 작품에 등장하는 상상에 불과한 것이었나? 레이디LADY가 정말 퍼스트FIRST인 게 맞나?

다들 'LADY'를 오해하고 있는 것은 아닐까? 1913년판 메리엄 웹스터 사전Merriam-Webster dictionary에 나온 LADY의 정의는 다음과 같다.

"A woman having proprietary rights or authority(소유권 또는 권력을 가진 여자)."

중세 기사

　권력을 가진 여자란 어떤 여자를 말할까? 바로 고대의 대부호나 명문 가문의 여자를 가리킨다. 기사도 결국 고군분투하는 시기를 30년 단축시키고 싶어 하는 지금의 타이완 남자들과 별반 다를 게 없었던 것이다.

　기사들이 존중하는 대상은 돈 많고 권세 있는 가문의 여성이고, 기사가 보호하는 대상은 귀족 여성이었다. 대다수 기사들은 노래를 배우고 악기를 연주하거나 시를 암송하는 한편, 무예 시합에 나가 용맹하고 위풍당당한 자태를 뽐냈다. 문무에 출중한 모습을 보여주면 개인적으로 좋은 이미지를 쌓을 수 있을 뿐만 아니라, 그 당시 '레이디'들의 환심을 사서 명성과 지위를 얻을 수 있었다.

기사는 그 시대에 계급이 가장 낮은 귀족이었다. 신분과 지위가 높은 아내를 맞이해야만 그들의 사회적 지위를 끌어올릴 수 있었다. 기사가 멋진 모습을 보여주거나 충성심을 드러내고 영예를 다투며 여성을 우대하는 장면을 연출하는 것은, 거의 대부분 귀부인이나 지위가 있는 여성의 관심을 끌기 위해서다. 기사도 재벌 2세를 낚고 싶은 꿈이 있었던 것이다.

따라서 기사와 레이디가 연인 관계였다기보다는, 당시 고분고분한 기사와 이를 기쁘게 받아들이는 레이디의 상호 작용을 아랫사람이 윗사람에게 굴복하는 중세 시대 군신관계의 한 형태로 보는 편이 적절하다.

동서고금을 막론하고, 원하는 사람을 아내로 맞이하고 나면 결혼 전과 후가 딴판이 되는 남자들이 많다. 앞에서는 악수를 해 놓고 뒤에서는 독수毒手를 쓰는 꼴이다. 영주에게 충성하고 신에게 헌신하며 위대한 명예를 추구하는 기사는 설정부터가 지나치다. 역사적으로 보정을 거치지 않은 기사의 실제 모습은 1989년 위안촨웨이(袁傳偉)가 번역한 《서양 중세사》에 언급된 내용을 참고할 만하다. "11, 12세기 기사들은 혼자서 술을 마시다 잔뜩 취해서 인사불성이 되기 일쑤였다. 체스를 두다가 상대방에게 화가 나면, 감탄을 자아낸 그 체스 실력자의 머리를 때렸다. 시종이 술을 좀 늦게 가져온다 싶으면 표창을 던져 재촉했다. 아내가 자신에게 화를 내면 인정사정없이 때렸다."

동화만 거짓인 게 아니라 기사 정신도 거짓이었다.

중세의 방역 대작전
– 마스크를 써도 막을 수 없던 흑사병

마씨 정말 이상하지, 갑자기 당신 생각이 나

컴퓨터 모니터 앞에는 격리된 외톨이뿐이야.

마씨 정말 이상하지, 갑자기 심하게 깔끔을 떨어

매일 알코올 뿌려대다 손 껍질이 벗거지겠어

– 작사/노래: Ms.A

(타이완의 유명 가수 차이이린[蔡依林]의 노래를 개사해 패러디한 것으로,
친중 성향의 전[前] 마잉주[馬英九] 총통의 테마곡으로 알려져 있다-역주)

2020년부터 지금까지 우리는 마치 지구 최후의 날에 가까운 듯
한 광경에 적응하는 중이다. 매일 타이완에서는 오후 2시에 열리는
중앙유행전염병지휘센터 기자회견과 함께 확진자 수가 늘어나고 사

람들이 컵라면을 사들이는 모습을 보게 된다. 예측할 수 없는 미래가 이어지면서 우리는 휴지를 잔뜩 끌어안고 있어야 그나마 안심할 수 있다.

봄이 끝나기도 전에 혼란한 상황을 종식시키기 위해서 세계 각국은 벌써부터 국경 관리 정책을 발표했다. 모든 사람들의 왕래와 물류를 차단한 것이다. 이제 보니 전염병 주식회사Plague Inc는 정말 리얼한 게임이었다. 이런 몰입도 높은 체험을 과연 누가 거부할 수 있을지 의문이 들 정도다.

인류와 전염병의 투쟁은 역사상 처음 있는 일이 아니다. 우리는 지금보다 훨씬 더 절망적인 상황을 경험했다.

1338년 이탈리아 피렌체에 흑사병이 유행하면서 전체 도시 인구 약 9만 명 가운데 5만 5천 명이 목숨을 잃었다. 이 도시 거주민 중 60퍼센트가 사라진 것이다. 영국 런던에서는 전염병 상황이 가장 심각했을 때, 두 달 사이에 런던에서 거주하던 5만 명 중 3만 명만이 살아남았다. 옥스퍼드 대학교에서 근무한 교수와 재학생 중 3분의 2가 세상을 떠났고, 영국 국회는 전염병이 종식될 때까지 무기한 휴회를 선포했다. 중세 시대에 교황이 거주하던 도시였던 프랑스 아비뇽Avignon에서는 거주 인구 절반이 흑사병으로 신의 부름을 받았다. 백년전쟁을 벌이던 영국과 프랑스도 휴전을 선포했다. 안 그래도 흑사병 때문에 사람이 무더기로 죽어나가는 판에 굳이 싸워서 사망자를 늘릴 필요가 있는지 회의가 들었던 것이다. 이로써 백년전쟁은 10년간 중단되었다.

전염병으로 무너진 중세 유럽을 묘사한 피터르 브뤼헐Pieter Bruegel의 <죽음의 승리>

　　당시 인구 통계가 정확하지 않기 때문에 중세 흑사병이 대유행하던 시기에 사망한 사람이 총 몇 명인지 역사학자로서는 파악할 길이 없다. 하지만 대략 당시 유럽 인구의 30~60퍼센트가 사망한 것으로 보인다.

　　이 숫자가 무섭게 느껴지는가? 2003년 중증급성호흡기증후군 SARS의 치사율은 약 10퍼센트였다. 그런데 인류 역사상 가장 참혹했던 전쟁인 제2차 세계대전 사상자 수는 무려 7천여만 명에 달했지만, 이는 당시 전 세계 인구수의 3퍼센트에도 미치지 않는 수치다.

맹렬했던 흑사병 쓰나미는 삶과 죽음에 대한 인간의 인식에 심각한 도전장을 던졌다. 사람들은 어떻게 해야 마구잡이로 번져나가는 흑사병을 멈추게 할 수 있을지 고민하기 시작했다.

무지한 전쟁이 가져온 무한 전쟁

오늘날 우리는 공중위생의 개념과 의학 상식을 어느 정도 가지고 있다. 문과형 두뇌인 사람들도 흑사병(페스트)이 쥐가 옮긴 전염병이라는 것을 안다. 흑사병의 병원체는 쥐에서 비롯되고, 벼룩이 쥐를 물면 곧바로 페스트균 당첨이었다! 그 벼룩이 다시 사람을 물면 균이 사람에게 전해져 병을 일으키는데, 이것이 동물에서 사람으로 전염되는 경로였다.

흑사병의 무서운 점은 사람이 흑사병에 걸렸을 때 병원균이 폐로 침투해서 지속적으로 기침을 유발하고, 비말飛沫(침방울)이라는 새로운 전파 경로를 만든다는 것이었다. 또는 병원균이 인체 조직으로 침투하면 모세혈관이 터지고 내출혈內出血이 생기는데, 이럴 때 몸에 상처가 생겨서 실수로 환자의 피고름에 닿으면 전염 경로가 또 하나 늘어났다.

쥐벼룩도 막기 어렵지만 사람과 사람 간의 접촉은 더 막기가 어려웠다. 바깥나들이를 가도 사회적 거리를 유지해야 한다는 점이 어려운 게 아니었다. 흑사병이 바로 눈앞에 있는데도 방역이 뭔지 전혀 모른다는 것이 문제였다.

중세에는 미생물이라는 개념이 없었다는 점을 먼저 이해해야 한다. 세균 바이러스? 그게 뭐지? 먹는 건가? 중세 유럽인들은 흑사병이 주로 쓰레기, 썩은 고기, 각종 더러운 물질이 내뿜는 악취로 인해 전파된다고 생각했다.

사실 중세의 이런 견해가 완전히 틀렸다고는 할 수 없다.

요즘 여행사들은 유럽 신혼여행 패키지 상품을 다음과 같이 소개한다. #중세를 거닐다 #동화 속으로 들어가다 #전부 다 가고 싶다 #로맨틱해지는 기분

지금이 21세기라서 그렇지, 만약 타임 슬립해서 과거로 돌아간다면 아마 가고 싶은 곳이 한 군데도 없을 것이다.

중세에는 위생복리부衛生福利部나 위생소衛生所(보건소)도 없고 쓰레기차, 재활용품 수거장도 없었다. 정화조나 오수로는 말할 것도 없었다. 그럼 쓰레기는 어디에 버렸을까? 그냥 아무데나 막 버렸다. 대소변은 어디에서 해결했을까? 길에다 대충 볼일을 보았다. 그나마 좀 신경을 쓴 사람들도 기껏해야 집 뒤뜰에 구멍을 파서 대소변을 해결하는 정도였다. 아니면 일단 통에다 배설물을 모았다가 어느 정도 모이면 길가나 강물에다 버렸다. 그러고는 폭우가 내려 도시 전체가 깨끗해지길 기다리는 것이다.

이런 상황에서 어떻게 냄새가 나지 않을 수 있었겠는가?

더러운 공기를 마셔서 흑사병에 걸리는 것을 방지하기 위해 당시에는 이런 방역 방식이 있었다. 돈 있는 사람들이 자기 몸을 지키려

새 부리 마스크를 착용한 역병 의사

고 향초를 담은 조그마한 주머니를 착용한 것이다. 단오절에 향 주머니를 달고 다니는 것과 비슷해서 왠지 모르게 친숙한 느낌이 들지 않는가?

향기 요법이 성행하는 동안 월계수 잎과 히숍Hyssop(신경 진정, 상처 치료 등에 효과가 있는 허브-역주)이 중요한 방역 물질로 간주되었다. 사람들은 이런 향기 식물들로 간단한 세정 용품을 만들어 겨드랑이 밑을 닦고 옷에 뿌리며 악취 제거와 소독 용도로 사용했다.

17세기에는 프랑스 의사 샤를 드 롬Charles de Lorme이 방역용 방호복을 디자인했다. 우리에게 익숙한 역병 의사 이미지인데, 당시에도 악취와 병원체를 동일시하는 개념이 유지되고 있었다. 새 부리 마스크는 사실 방독 마스크로, 새 부리 안에 향기 나는 약초 혼합물을 채워 넣은 것이다. 이 마스크를 쓰기만 하면 오염된 공기를 마시는 걸 방지할 수 있고, 신선한 약초 향기를 통해 더러운 물질이 정화된다고 생각했다!

유럽인들은 목욕을 하면 모공이 넓어져 나쁜 공기가 쉽게 몸 안으로 들어와 감염된다고 믿었다. 목욕과 질병 전파가 관련이 있다고 생각했기 때문에 될 수 있으면 최대한 씻지 않으려고 노력했다. 오늘날 우리가 손을 열심히 씻으라고 강조하는 것과는 전혀 다른 사고방식이었다.

더러운 공기가 전염원이라는 견해 말고도 교회에서는 흑사병이 죄를 범한 인류에게 신이 내린 형벌이라고 보았다.

인류의 이기심, 탐욕, 방종 때문에 신이 천벌을 내렸다는 것이다.

채찍질 고행단

신의 노여움을 가라앉히기 위해 이탈리아 및 게르만 지역에서는 '채
찍질 고행단Flagellants'이라고 불리는 기독교인들이 등장했다. 이들은
속죄를 위해 스스로를 벌하고 대규모 방역 의식을 거행했다. 1년 중
꼬박 한 달 동안 긴 가운을 입고 야영지에 모여 바닥에 무릎을 꿇은
채 성가의 리듬에 맞춰 피가 철철 흐를 때까지 서로에게 채찍질을
가한 것이다.

　채찍질 고행단은 자신의 육체를 혹사시키면 신이 인류를 용서하
고 나아가 흑사병이라는 처벌을 거두어줄 거라고 생각했다. 이들은
평상시에 가두 행진을 하며 끊임없이 새로운 구성원을 끌어들였다.
더 많은 사람들이 자해 행렬에 동참해야만 신이 하루라도 더 빨리 진노를 가라앉힐 거라고 믿었다.

무서운 점은 채찍질 고행단의 행태가 처음에는 자책으로 시작했다가 점차 다른 사람들에게 화풀이하는 양상으로 변해갔다는 것이다. 흑사병에 대응책이 없다는 절망감은 히스테릭한 광기를 가져왔다. 채찍질 고행 단원들은 자신이 피를 흘려도 전염병의 저주를 막을 수 없는 이유가 전부 유대인의 잘못 때문이며, 유대인이 수원水源에 독을 넣어 전염병이 확산된 거라고 생각했다. 이런 근거 없는 소문들은 사람들의 불안을 야기했고, 유대인을 대량 학살하는 박해 행위로 이어졌다….

이런 이야기가 우리와 거리가 멀다고 느껴지는가? 신종 코로나바이러스 감염증(코로나19)으로 인해 해외에서는 이와 관련한 수많은 배타주의, 인종주의, 지역 차별 논쟁이 파생되었다. 세계 각국에서 전염병 확산을 억제하기 위해 최선의 노력을 다하는 동안, 다른 한편에서는 아시아계 주민들이 세계 각지에서 인종 차별, 나아가 폭력을 당하는 사고가 끊이지 않는다. 이렇게 본다면 역사가 우리와 별로 먼 이야기는 아닌 것 같지 않은가?

중세의 방역 전략을 종합해 보면, 적이 어디에 있는지 전혀 모르는 상태에서 벌이는 무지한 전쟁은 무한한 전쟁을 가져올 뿐이라는 사실을 알게 될 것이다. 아무 성과도 없고 괜한 헛수고에 불과한 이런 방역 전략에 그저 영혼 없는 리스펙트respect를 보내는 수밖에!

최후의 날 선택지
– 격리될 것인가 아니면 똘똘 뭉칠 것인가?

의사에게 아무런 대안도 없고, 이 질병을 극복하거나 고통을 줄여줄 수 있는 효과적인 약물도 없는 상황에서는 환자와 대화를 나누거나 환자 근처에 갈 때, 혹은 환자가 만졌던 물건에 닿기만 해도 전염될 것 같은 기분이 든다. 더 무서운 것은 건강을 회복한 사람이 거의 없고, 병증이 나타난 후 사흘 안에 사망한 환자들이 많다는 사실이다.

죽음을 일상처럼 흔하고 미처 손 쓸 수 없는 일처럼 만들어버리는 이런 폭력적인 질병은 우리 삶에 극과 극의 두 가지 선택지를 가져온다.

첫 번째 선택지는 병에 걸린 사람, 그들이 속한 모든 것과 접촉하지 않으려고 격리하는 것이다. 이들은 사람들이 붐비는 도시와 멀리 떨어진 곳에 새로운 지역 사회를 조성하고, 서로 완전히 분리된 채 생활한다. 각자 집 안에만 머물며 자원 사용을 줄이고 신앙의 힘으로 절제된 삶을 사는 것인데, 중세 버전의 자가 격리라고 볼 수 있다.

이와 정반대의 선택지를 택한 무리는 타인의 죽음을 통해 '생生'의 아름다움을 발견한다. 죽음을 두려워하기보다 스스로에게 살아갈 용기를 북돋아주는 것이다. "죽음을 향한 존재들이여, 살아 있는 순간을 소중히 여기자"라는 마인드다. 이런 생각을 하는 사람들은 끊

알폰소 11세

임없이 파티를 열어 미친 듯이 먹고 마시며, 자신에게 일어나는 모든 일을 그냥 웃어넘긴다. 대낮부터 늦은 밤까지, 자기 집에서든 술집에서든 실컷 유흥을 즐긴다.

전염원을 줄이기 위해 노력한 정부가 있었다. 당시 이탈리아 반도의 중요한 무역 도시에서는 환자들이 항구와 도시 안으로 진입하는 것을 금지했다. 배에 감염 의심 환자가 있으면 억류시키고, 그와 접촉한 사람들도 전부 격리시켰다.

지중해 무역 강자인 베니스 같은 도시는 전염병 발생 지역 항구에서 온 모든 선박에 대해 항구 밖 해상에서 40일간 머물게 하고, 모든 선원에게 증상이 나타나지 않았다는 게 확인되면 정박할 수 있도록 허가했다. 40일은 이탈리아어로 'quaranta giorni(콰란타 조르니)'라고 하는데, 어딘가 낯익은 느낌이 들지 않는가? 이 단어가 바로 '격리'를 뜻하는 영단어 'quarantine(쿼런틴)'의 어원이다.

한편 크게 타격을 입고 인생에 회의감을 느끼기 시작한 정부도 있었다. 이베리아 반도의 카스티야(훗날의 스페인) 국왕 알폰소 11세 Alfonso XI of Castile는 마흔도 되지 않아 흑사병으로 세상을 떠났다. 고귀한 군주의 몸이라도 죽음을 피하기는 힘들었던 것이다. 자칭 영혼의 구원자라는 신부도 예외가 아니었다. 영국 요크셔Yorkshire에서는 선교사의 절반 이상이 흑사병으로 목숨을 잃었고, 가톨릭교회에서 교황 다음으로 지위가 높은 추기경의 3분의 1이 세상을 떠났다. 이것은 인생의 무상無常일까 아니면 인류의 일상日常일까? 무상이 일상이 된다면 계급이 다 무슨 소용일까? 죽음의 신 앞에서 우리는 귀천의 구분 없이 모두가 평등하다. 기도가 제 힘을 발휘하지 못한다면 신앙이 과연 무엇을 할 수 있을까? 생명은 이토록 연약한데 신에게는 기댈 도리가 없었다.

만약 세계의 종말이 곧 다가온다면, 당신은 어떻게 마지막 날을 보낼 생각인가? 집에 틀어박혀 자가 격리를 할 것인가 아니면 밖에 나가 파티 가이party guy로 미친 듯이 살아 있는 순간을 즐길 것인가? 현실에 순응하는 중이든 아니면 거스르는 중이든, 전염병이 가져온 두려움은 우리가 진짜 바라는 것이 무엇인지 좀 더 선명하게 보여준다.

"죽음을 향한 존재" – Das Sein zum Tode

우리는 죽음이 거대한 붕괴를 가져올 거라고 생각한다. 맞는 말이다.

종말을 앞당기는 듯한 위협적인 요소들로 수많은 사람들이 목숨을 잃었다. 그렇게 사람들이 떠나고 농촌은 황폐해져 수공업도 따라서 중단되었다. 이런 상황에서 경제가 쇠퇴하는 것은 너무 당연한 일이었다.

이런 상황을 보고 사람들은 세상이 곧 무너질 거라고 생각했겠지만, 그게 그렇게 쉬운 일이 아니었다. 아직은 정부가 난국을 해결할 방안을 제시할 필요도, 재난지원금 명목의 쿠폰을 나누어줄 필요도 없었다. 아직 살아 있는 사람들이 생계를 유지할 수 있도록 하기 위해 임금을 상향 조정하면 되었다. 15세기 잉글랜드 지역의 임금은 14세기의 두 배였다. 살아 있기만 한다면 희망이 있고 임금은 인상될 수 있었다. 하층계급은 임금 상승으로 지위와 생활수준이 개선되었다.

세상이 금방이라도 붕괴될 것 같고 잔혹한 전염병 확산세를 막기 힘든 상황이었기 때문에 할 수 있는 일을 최대한 하는 수밖에 없었다. 되도록 의학 실험과 의사 고용 제한을 완화하고, 도시주민 행동 규범 관리와 공중위생 조치를 엄격하게 시행했다. 이렇게 해서 향후 유럽 의학 발전에 기초를 닦고, 유럽의 도시 관리 수준을 효과적으로 향상시킬 수 있었다. 당시 사람들은 정말 세상이 곧 끝날 거라고 생각했을지도 모른다. 흑사병이 가져온 불확실성과 두려움은 신앙이 결코 기댈 만한 것이 못 된다는 것을 알게 해주었다. 만약 신의 계획에 순종한 결과가 전염병의 확산뿐이고 나는 죽고 싶지 않을 때, 우리가 할 수 있는 일은 과연 무엇일까? 어떻게 하면 세상의 종말이라는 곤경에서 벗어날지, 운명의 장난에서 벗어나기 위해 사고하고 고민하는 것만으로도 우리는 이미 인간의 주체적 지위를 회복하기 위한 리허설을 하고 있는 셈이다.

우리는 죽음 앞에 섰을 때에만 생명의 의미를 분명하게 인식할 수 있다. 무서운 기세로 엄습하는 죽음은 생명의 가치에 대한 인류의 각성을 촉진시킨다. 흑사병이라는 재난은 유럽을 환골탈태의 길로 안내했다. 인문주의가 다시 고개를 든 후에야 유럽은 이전과 전혀 다른 새로운 시대로 나아갈 수 있었다.

2020년 전 세계를 뒤덮은 이번 '코로나19' 위기는 우리를 또 어디로 데려갈까? 나는 지금이 우리에게 자신과 일상에 대해 다시 생각해 보라고 일깨워주는 시기라고 본다. 익숙해져버린 생활이 흔들릴 때 우리는 비로소 '일상'의 소중함을 깨닫게 된다.

5

천 년 동안 덮여있던 카드를 소환하다
- 그리스·로마

14세기부터 16세기 후반까지 이어진 르네상스 시대는 서양 문명의 전환점이라고 할 수 있다. 인문주의 정신은 "모든 일은 하늘이 정한다"라는 생각이 지배적이던 시대적 분위기에서 대두했다. 사람들은 인문주의 정신을 통해 인류 본연의 잠재적인 능력과 가치를 되찾으려고 시도했다.

르네상스Renaissance는 '중생重生(부활)'을 의미하는 이탈리아어 'Rinascimento'에서 어원을 찾을 수 있다.

무엇이 부활하는 것일까? 정답은 '고대 그리스, 고대 로마의 문화'다.

중세는 무슨 일을 하든 신에게 봉사한다는 것을 최우선 원칙으로 삼는 시대였고, 모든 예술 작품은 종교를 창작의 소재로 삼았다.

박물관 중세관에 들어가 보면, 성경에 대해 전혀 모르는 사람들이 영혼 없는 허수아비처럼 눈으로만 대충 작품들을 훑고 있는 모습을 볼 수 있다. 예수와 그의 제자들을 묘사한 작품들뿐인 전시실을 나오며 그들은 이런 생각을 할 것이다. '내가 대체 뭘 본 거지?' 기독교적 배경이 없으면 그림 속 이야기의 맥락과 여러 가지 세부적인 구상을 절대 이해할 수 없다.

그런데 르네상스 시대를 살았던 여러 대가들은 그리스·로마 시대가 남긴 유산에서 천 년 전 작품의 정신을 이어받아 참신한 아이디어로 발전시켰다. 이로써 창작 기법과 묘사 주제에 새로운 의미가 더해지고 커다란 변화가 생겼다.

우리가 국어 선생님처럼 깐깐하게 따져보아야 하는 단어가 하나 있다. 앞서 등장했던 '중생'이라는 단어인데, 여기에서 중생은 '재생再生'이 아니다. 르네상스는 단순히 그리스·로마 시대의 것을 그대로 복제해 되살리는 게 아니라 새로운 형태로 부활시키는 것이다. 영혼은 같지만 그 영혼을 담은 운반체가 바뀐 상태로 천년이 지나 새 삶을 얻게 되었으니, 생존에 대한 태도와 대응해야 하는 시대적 의무는 이미 이전과 180도 다르다. 하지만 한 가지 변하지 않는 사실은, 신학 연구에 오랫동안 담겨 있던 고대 그리스·로마 철학자들의 정신, 즉 우리가 초반에 언급했던 '인문주의'를 확실하게 소환해낸다는 것이다. 인문주의는 인간의 존엄성과 고귀함을 강조하고 인간 이성의 실천에 관심을 갖는다.

이렇게 말하면 다소 추상적인데, 좀 더 풀어서 설명하면 인문주의란 '사람'을 '사람'답게 만드는 것이다. 예? 지금 이게 대체 무슨 소리죠?

'사람'을 '사람'답게 만드는 것이 어디 쉬운 일인가?

중세 시대에 작가들은 기독교 세계관의 지배와 전면적으로 억압을 받는 상황에 직면했다. 예술 창작은 반드시 신을 위한 것이어야 하고, 신은 지고지상至高至上의 신성함을 대변했다. 희로애락을 포함한 모든 감정을 덜어내야 신의 위대함을 완성하고 인간과 거리감을 유지할 수 있었다.

걸핏하면 울고불고 난리를 치거나, 이성의 끈이 끊어질 정도로 화를 내고, 기도하러 온 사람들에게 고함을 지르면 기독교에서 말하는 신이라고 할 수 없었다.

하지만 한 사람으로서 지금 이 순간을 살고 있는 우리는 웃고 싶을 때 웃을 수 없고, 울고 싶을 때 울지 못할 때가 너무 많다. 회의 때 고위 간부가 쓸데없이 장광설長廣舌을 늘어놓아도 감히 싫은 티를 낼 수 없다. 실연을 당하고도 그 다음날이면 아무 일도 없었다는 듯이 출근하거나 수업을 들으러 가야 한다. 인간의 일상이라는 것은 출퇴근 시간 기록이나 자질구레한 교칙부터 도덕적 질서에 이르기까지, 이 세상의 규범이라는 것을 지키기 위해 감정을 억누르고 스스로에게 강요하는 것뿐이지 않나? 우리는 한 번도 마음이 시키는 대로 살아본 적이 없다.

인문주의는 이 세상에 진실한 자아를 드러낼 용기를 가져야 한다고 우리를 일깨워준다.

기원은 이탈리아

르네상스가 그리스·로마 문화를 부활시키는 운동인 만큼 그 기원이 이탈리아 반도에 있다는 사실은 전혀 놀랍지 않다.

첫째, 이탈리아는 고대 로마제국의 중심이었다. 그러니 이곳에서 예토전생穢土轉生(일본 애니메이션 '나루토'에 나오는 금단의 소환술로 죽은 자를 되살릴 수 있다-역주)으로 소환해 낸 그리스·로마 영혼은 당연히 가장 오리지널에 가까울 수밖에! 게다가 로마제국은 르네상스 예술가들을 위해 어마어마한 유산을 남겼다. 언젠가 슬럼프에 빠졌을 때 되는대로 땅속을 파다 보면 창작의 영감을 '파낼' 수 있을 것이다.

유명한 라오콘 군상Laocoon' Group이 바로 1506년 로마에서 '파낸' 것이다. 창작 주제는 고대 그리스 서사시에 나오는 라오콘 부자가 바다뱀에게 둘둘 감겨 죽는 화면이었다. 남자의 육체가 늘어지고 뒤틀린 것은, 인간이 신의 뜻에 따라 조종을 당하면서도 벗어나기 위해 미친 듯이 발버둥치는 모습을 상징한다. 추상적이고 말을 하고 있지는 않지만, 그 무언無言속에서 강한 비통함과 절망감이 드러난다. 보는 것만으로도 할 말을 잃게 만드는 이 비극적인 작품이 바로 고대 로마의 네로 황제 밀실 유적에서 발굴해낸 것이다. 르네상스 시대를 대표하는 예술가로서 미켈란젤로는 라오콘 군상에서 표현된 남자의 신체에 깊이 매료되었다. 이런 이유로 그의 많은 작품에서는 과하게 발달한 남성의 근육이 화면 전체를 가득 메운 것을 볼 수 있다.

라오콘 군상

둘째, 예술 창작은 돈이 많이 드는 일이라 금전적인 후원이 필요
했다. 이탈리아 중북부는 지중해 무역의 거점으로 상권을 장악하고

있었기 때문에 피렌체, 밀라노, 베니스 등 부유한 도시들이 탄생했다.

사람은 돈이 많아지면 졸부처럼 보이기를 원하지 않는다. 누구나 마음속에 순수한 문학청년 한 명씩은 품고 살아서 그럴 수도 있고, 아무리 부자라도 3대를 넘기지 못한다는 걸 알고 있어서 그럴지도 모른다. 그런데 일단 해놓으면 천추만대에 길이 보존되는 일들이 있기는 하다. 이런 이치를 뼛속 깊이 새기고 실천한 가문이 바로 피렌체의 메디치Medici 가문이다.

메디치 가문은 18세기에 대가 끊겨 사라졌지만, 레오나르도 다 빈치를 후원했고 라파엘로를 도왔으며 미켈란젤로를 중용했다. 르네상스 시대에 가장 걸출했던 예술가 3인방이 모두 메디치 가문의 은혜를 입어 이 세상에 수없이 많은 아름답고 위대한 작품들을 남긴 것이다. 피렌체 시 중심에 위치한 산타마리아 델 피오레 대성당Santa Maria del Fiore은 더 말할 것도 없다. 세계에서 가장 우아한 성당이나 SNS 인증샷 찍기에 가장 적합한 성당을 꼽으라면 나는 무조건 산타마리아 델 피오레 대성당을 선택할 것이다.

한 가문의 흥망성쇠는 운명적인 한계와 시간의 변화에 영향을 받으며 역사의 강물로 들어가 잊히게 마련이다. 하지만 메디치 가문은 예술 분야에 아낌없이 투자하는 선택을 함으로써, 시간을 초월해 모든 시대 사람들이 산타마리아 델 피오레 대성당을 바라보며 동시에 떠올리는 존재로 역사에 각인되었다.

르네상스 최강 남자 그룹 간략 소개

르네상스의 3대 거장으로 불리는 레오나르도 다 빈치, 미켈란젤로, 라파엘로는 '닌자 거북이' 주인공이라 유명해진 게 아니었다. 이들은 당대의 슬래시족Slash[/](뉴욕타임즈의 한 칼럼니스트가 사용한 단어로, 두 가지 이상의 직업과 신분으로 살아가는 사람들을 가리키며 멀티족과 비슷한 의미다-역주)에 해당하며 르네상스 시대의 만능 재주꾼들이었기 때문에 유명했던 것이다. 이 세 사람은 다양한 분야의 지식과 기술을 보유하고 있어서 전통적인 틀에 얽매이지 않고 독창적인 예술 작품들을 만들어낼 수 있었다.

라파엘로 산치오(Raffaello Sanzio, 1483~1520)

라파엘로는 나이로 따지면 레오나르도 다 빈치와 미켈란젤로의 후배다. 잘생기고 마음도 따뜻했다. 미켈란젤로처럼 성질이 난폭하지도 않고 레오나르도 다 빈치처럼 괴팍하지도 않았다. 그냥 사람들과 잘 어울리고 다정한 미남이었던 것이다. 성격도 좋고 협조도 잘해서인지 작품 의뢰인인 교황은 라파엘로를 아주 마음에 들어 했다. 어느 깊은 밤, 그는 다음과 같이 신에게 한탄했을지도 모른다. 왜 이렇게 라파엘로를 늦게 태어나게 하시고 또 왜 그렇게 빨리 세상을 떠나게 하셔서, 잘 지내기 어려운 다른 두 예술가를 감당하게 하시나이까!

라파엘로 작품은 밝고 부드러운 색채와 편안한 구도가 특징인데,

라파엘로

지나치게 신비로운 모나리자의 미소에 비하면 일반 대중이 이해하기
쉬운 편이다.

  가장 친숙한 작품들은 주로 성모자화라는 평범한 주제를 다루고
있다. 과거 중세 화가들은 성모자화를 주제로 자주 그림을 그렸는

라파엘로의 성모상　　　　　　　　　중세의 성모상

데, 하나같이 〈오펀: 천사의 비밀Orphan〉이나 〈인시디어스Insidious〉
같은 공포영화 포스터를 보는 듯한 느낌을 주었다. 무표정한 얼굴과
생기 없는 눈빛을 하고 있는 성모와 성자를 보면, 대체 누구를 겁주
려고 그렇게 그렸나 싶은 생각이 든다.

　그런데 우리의 국민 화가 라파엘로는 같은 주제를 가지고 새로운
경지의 작품을 그려내었다. 그가 정교하게 그린 온화한 모습의 성모
에게서는 부드러운 모성애가 느껴지고, 그녀의 품에 안긴 희고 보드
라운 성자를 보면 그림인데도 갓난아기 특유의 젖내가 나는 것 같은
착각이 들 정도였다. 라파엘로는 친아들의 행복과 기쁨을 엄숙한 종
교 회화 작품에 쏟아 부어 저 멀리 '신의 도시'를 '속세의 어느 따뜻

한 가정'으로 회귀시켜 일반 대중도 감상할 수 있게 만들었다. 그래서인지 그는 당대에 '로마의 라파엘로'라고 불렸는데, 이는 "라파엘로는 우리 모두의 것"이라는 뜻이다.

가장 젊고 일찍 세상을 떠난 라파엘로가 다른 두 거장들과 어깨를 나란히 할 수 있는 이유가 바로 여기에 있다.

미켈란젤로(Michelangelo di Lodovico Buonarroti Simoni, 1475~1564)

미켈란젤로의 이름은 '미카엘Michael'이라는 이름과 '천사'를 뜻하는 '안젤로Angelo'를 결합한 것으로, 대천사大天使 미카엘이라는 뜻이다. 미켈란젤로는 당시 이탈리아에서 흔한 남자 이름이었다.

그런데 미켈란젤로의 실제 성격은 괴팍하고 감성지수(EQ)도 현저히 떨어져 천사와는 거리가 멀었다. 그는 레오나르도 다 빈치를 싫어했고, 사람들과 두루두루 사이가 좋은 라파엘로와도 잘 지내지 못했다. 레오나르도 다 빈치의 면전에 대고 사정없이 육두문자를 날릴 정도로 성질이 고약했고 천사 같은 모습은 눈곱만큼도 찾아볼 수 없었다.

성질이 불같고 괴팍하기는 했지만 완벽을 추구하는 성격은 미켈란젤로를 한 시대를 주름잡은 대가로 만들었다.

'피에타Pietà'는 기독교 기호학의 고유 명사로, 예수가 십자가에 못 박혀 죽은 뒤 성모 마리아가 죽은 예수를 안고 비통해하는 모습을 가리킨다. 중세의 피에타 상像은 이 주제를 너무 쉽게 살인사건으로 처리해서 공포에 떨게 하거나, 조각 기법이 정제되지 않고 투박해서

미켈란젤로

예수의 성체를 안고 있는 장면을 마치 좀비 영화처럼 보이게 만드는 경우가 많았다.

하지만 미켈란젤로는 분명 딱딱하고 차가운 대리석을 재료로 사용했는데도 피부의 부드러움과 온도까지 느껴지게 조각해내었다. 힘 없이 늘어진 머리와 팔에서 예수의 죽음이 갖는 무게와 비극적인 분위기가 뚜렷하게 드러난다. 한편 이 작품에서 성모는 말없이 평온한 표정을 짓고 있어 고통스러운 죽음의 현장이라는 느낌이 들지 않는다. 하지만 침묵이 소리를 압도한다는 말에 비추어 생각해보면, 성모가 평온하게 죽은 예수를 응시하는 모습을 통해 이미 그녀가 비통한 슬픔을 가장 장엄한 애도로 승화시켰다고 이해할 수 있다.

이 작품을 완성할 당시 그의 나이는 고작 스물 셋이었다. 어쩌면 이렇게 조숙하고 거만했던 미켈란젤로였기에 4년 동안 혼자 인내하며 약 18미터 높이의 시스티나 성당Cappella Sistina 천장에, 그림 그리는 일이 가능했을지도 모른다. 그는 구도를 잡고 색을 입히는 것까지 전부 혼자서 완성했는데, 그림 속 인물들의 꽉 찬 근육 안에는 예술에 대한 미켈란젤로의 단단한 열정과 광기가 들어 있는 것이다.

레오나르도 다 빈치(Leonardo da Vinci, 1452~1519)

중국판 위키백과에서는 레오나르도 다 빈치를 이렇게 소개한다. "이탈리아 르네상스 시대를 산 박학다식자다. 그는 회화, 음악, 건축, 수학, 기하학, 해부학, 생리학, 동물학, 식물학, 천문학, 기상학, 지질학, 지리학, 물리학, 광학, 역학, 발명, 토목 등 다양한 분야에서 눈부

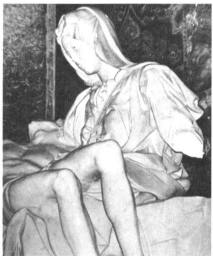

(상, 좌측 하단) 미켈란젤로의 피에타

중세의 피에타

신 성과를 거두었다."

한 마디로 그냥 만능 천재였던 것이다! 레오나르도 다 빈치는 본인 이름을 건 대학교를 세우고 단과 대학을 만들어 학장과 교수를 겸임해도 될 만큼 모르는 게 없는 능력자였다.

하지만 정말 이런 대학교가 생긴다면 각 단과 대학 학장을 맡을 사람도 못 찾고, 수업 때마다 교수는 지각과 조퇴를 밥 먹듯이 할 것이다. 강의가 개설되어도 교수가 수업하기 싫다는 이유로 학기 중에 돌연 폐강이 될지도 모른다.

이게 대체 무슨 소리일까? 예로부터 지금까지 레오나르도 다 빈치가 명성을 떨칠 수 있게 만든 수식어 '화가' 이야기를 먼저 해보도록 하자. 그는 예순일곱 살에 세상을 떠날 때까지 남긴 작품이 스무 점도 채 되지 않는다. 심지어 미완성인 작품도 포함해서다. 다 빈치는 그림을 절반 정도 그리면 자리를 뜨고는 더 이상 뒤도 돌아보지 않을 만큼 성격이 제멋대로였다. 빈센트 반 고흐Vincent van Gogh는 서른일곱이라는 젊은 나이에 생을 마감했고 가난했으며 아무도 그를 후원하려는 사람이 없었다. 하지만 그는 스물일곱 살에 그림을 배우기 시작한 이후로 미친 듯이 작업에 몰두하며 2천여 점이 넘는 작품을 그렸다.

이렇게 본다면 다 빈치는 작품 활동을 게을리 한 게 아닐까?

그런데 사실 레오나르도 다 빈치는 바빠도 너무 바빴다. 그는 모든 학문을 다 배우고 싶었고 모든 일을 다 해보고 싶었다. 그림을 더 잘 그리기 위해서 작업을 중단하고 다른 일을 하러 뛰쳐나갈 때가

레오나르도 다 빈치

많았다.

예를 들면, 레오나르도 다 빈치는 인물이 여러 가지 자세를 취할 때 신체의 움직임에 따라 근육이 어떻게 변하는지 정확하게 그리기 위해서 시체를 해부하러 갔다. 시신 한두 구를 연구해서는 그의 호기심과 지식욕을 만족시킬 수 없었다. 레오나르도 다 빈치는 못해도 시신 서른 구 이상을 해부한 것으로 알려져 있는데, 그가 그린 인체 해부도는 각 기관과 조직의 상대적인 위치, 근육의 결까지 21세기 사람들이 파악한 의학 지식과 거의 차이가 없을 정도로 정확하다.

화가들은 빛의 변화에 아주 민감해서 어떻게 하면 이를 활용해 주제를 더 부각시킬 수 있을지를 고민한다. 상식을 뛰어넘는 레오나르도 다 빈치는 실외로 나가서 스케치를 하는 데 그칠 위인이 아니었다. 지구상의 두 광선의 근원을 확실하게 알아야 문제를 해결할 수 있다고 생각한 그는 태양과 달 연구에 몰두했다. 망원경을 발명한 갈릴레오 갈릴레이는 레오나르도 다 빈치가 죽고 45년이 지나서야 세상에 태어났는데, 그보다 훨씬 전에 이미 다 빈치는 천체 운행을 연구하기 시작했던 것이다.

혹자는 다 빈치가 '미루기' 선수였다고 말한다. 우리가 실제로 다 빈치의 사정이 어땠는지 알 길은 없지만, 작품 의뢰를 받은 이후 그의 작업 상황으로 미루어 판단해 본다면 시간관념이 현저히 떨어진 것만큼은 분명한 것 같다. 다 빈치의 가장 유명한 작품인 〈모나리자의 미소〉가 의뢰를 받고 완성하기까지 총 16년이 걸렸는데, 만약 당신이 모나리자라면 웃음이 나올래야 나올 수가 없었을 것이다. 이

것 못지않게 어렵사리 완성한 작품이 또 하나 있다. 바로 〈동굴의 성모Virgin of the Rocks〉다. 이 작품은 다 빈치가 의뢰를 받고 확실하게 인도하기까지 무려 25년이라는 시간이 소요되었다. 애초에 업자가 다 빈치와 약속한 기간은 7개월이었는데 말이다.

　자유로운 남자 다 빈치는 자신이 좋아하는 일을 할 때면 시간이 가는 줄도 몰랐다. 그는 더 재미있거나 더 흥미 있는 일에 자신의 정력과 마음을 쏟아 부었다. 어쩌면 이것이 바로 레오나르도 다 빈치가 르네상스 시대를 대표하는 인물이 된 이유일지도 모른다.

　인문주의는 인류 그 자체에 관심을 돌리는 데 그치지 않고, 자신의 경험으로 자기 자신, 대자연, 신을 새롭게 탐색하고 인식하는 것을 의미한다. 다 빈치는 이런 생각을 철저하게 실천했을 따름이다. 고객의 입장에서 본다면 다 빈치는 약속을 어기고 통제하기 힘든 사람이다. 하지만 호기심 많던 그는 단지 유한한 시간을 손에 쥐고 이 세상의 진리를 탐구하고 싶었던 것뿐이다.

레오나르도 다 빈치 <동굴의 성모>

6

프랑스 역사상 '루이'라고 불린 국왕들

역사 교과서를 보면 프랑스 국왕으로 수많은 '루이'들이 등장한다.

유럽의 국왕 이름은 사실 작명 원리가 단순하다. 첫 번째로 등장한 루이가 루이 1세로 불리는 것이다. 수백 년이 지나서 마침내 두 번째 루이라는 이름의 국왕이 등장했다면, 바로 이전의 루이와 몇 세대 차이가 나든 상관없이, 설령 이전 루이의 '증증증증손'이라고 할지라도 루이 2세가 된다.

프랑스 역사에서 최초의 루이, 즉 루이 1세Louis Ier(778년 4월 16일 ~840년 6월 20일)는 샤를마뉴 대제의 아들이자 왕위계승자다. 루이 1세는 위대한 아버지에 비하면 상대적으로 사람이 수수하고 별 볼 일 없어 보인다. 그래도 기독교에 대한 열정이 대단해서, 거금을 들

루이 14세

여 수도원을 보수하고 신축한 덕분에 '경건왕 루이Louis the Pious'라고
불렸다는 점은 눈여겨 볼만하다.

인지도가 제일 높은 루이는 열네 번 째 루이인 루이 14세다.

그는 '하이패션' 모델이었다. 실크 양말을 신고 위로 높이 솟은 가
발에 화려한 빨간 하이힐을 매치한 국왕을 떠올려보라고 하면, 모든
학생들이 그 즉시 루이 14세의 이름을 외칠 것이다. 죽은 사람들에
대해 기록한 역사 교과서에서 그렇게까지 패셔너블한 남자를 찾기
란 쉬운 일이 아니기 때문이다. 남다른 패션 스타일을 자랑하던 루
이 14세는 역사상 가장 오랫동안 재위한 군왕으로, 총 72년하고도
110일 동안 왕위를 지켰다.

루이 14세는 존재만으로도 후광이 있고 "짐이 곧 국가"라고 말하는 패기도 있었지만, 후손에게 태평성대를 물려줄 운은 없었다. 역사 교과서에서 굵직하게 다루어지는 사건인 프랑스 대혁명이 바로 뒤이어 등장하기 때문이다.

루이 16세

루이 14세의 5대손인 루이 16세는 사자자리와 처녀자리 사이인 8월 23일 태어났다. 그는 사자자리처럼 패기가 충만한 것도 아니고, 처녀자리처럼 침착하고 진득하게 일하지도 않았으며, 우유부단한 성격으로 유명했다.

루이 16세는 국가대사를 처리할 때 늘 주저하고 망설였는데, 이런 연약함이 그를 비극으로 몰고 갔다. 프랑스 대혁명 당시 민중의 거센 반발에 그는 가족들과 평민 복장으로 갈아입고 탈출했다. 하지만 국경에서 정체가 발각되어 혁명군의 손에 파리로 압송된 루이 16세는 사형 판결을 받고 곧바로 단두대에서 참수 당했다. 수십 년 전 분명히 그의 '증증증조부' 루이 14세가 프랑스를 유럽 대륙에서 최강 제국으로 만들어 프랑스 왕권을 최정상에 올려놓았는데, 이게 다 하루아침에 수포로 돌아간 것이다. 국왕의 자리에 올라 단두대로 직행할 만큼 몰락할 수 있다는 것도 어떻게 보면 또 다른 의미의

단두대에 오른 루이 16세

성과라고 볼 수 있겠다.

　루이 16세가 세상을 떠난 후에는 프랑스 '전쟁의 신' 나폴레옹이
이끄는 휘황찬란한 시대가 펼쳐진다. 나폴레옹에 관한 내용은 교과
서에서 적어도 한 페이지 분량을 차지하지만, 여기에서는 역사 교사
의 권한으로 그가 워털루 전투에서 패배해 남대서양의 작은 섬으로
유배되었다는 정도만 언급하고 넘어가겠다.

　나폴레옹의 뒤를 이은 프랑스 국왕은 누구일까? 바로 루이 16세
의 동생 루이 18세다. 하지만 나폴레옹이 집권하던 시대에 형이 참
수되었다는 걸 알게 된 루이 18세는 프랑스로 돌아오는 게 두려워
줄곧 해외에서 숨어 지냈다.

　이쯤에서 누군가 손을 들고 이런 질문을 할 것이다. "선생님, 왜
갑자기 18세가 나와요? 17세는요?"

사연을 이야기하자면 가슴이 좀 아프다. 루이 17세는 십년밖에 살지 못했기 때문이다(1785~1795년).

루이 17세는 루이 16세와 마리 앙투아네트의 아들이다. "좋은 때를 타고나지 못했다"는 그에게 가장 어울리는 말이 아닐까 싶다. 루이 17세는 1785년, 그러니까 프랑스 대혁명이 발발하기 4년 전에 태어났다. 그는 모두가 부러워하는 '금수저'를 입에 물고 베르사유 궁전에서 태어났기 때문에, 원래대로라면 가만히 앉아서 위대하고 풍요로운 프랑스 제국을 이어받을 준비만 하면 되었다. 그런데 프랑스 대혁명의 충격 앞에 루이 17세는 제왕 가문에서 태어났다는 것을 누구보다 후회할 수밖에 없었다.

루이 16세가 1793년 사형되고 루이 17세는 자연스럽게 왕당파의 손에 의해 권좌에 올랐다. 당시 고작 여덟 살에 불과했던 그는 왕당파의 기대를 짊어지고 국왕이 된 것이다. 아버지조차 단두대로 보내져 참수된 마당에 여덟 살짜리 어린아이가 무엇을 할 수 있었겠는가? 혁명당원들이 권력을 장악하고 있었기 때문에 왕실 직계 혈통이던 이 사내아이는 단 하루도 프랑스를 다스려보지 못하고, 왕위를 계승한 그 순간부터 연금되는 신세가 되었다. 혁명당원들은 당원을 보내 아침부터 저녁까지 루이 17세를 교육시켜 그가 혁명과 천부인권을 인정하는 공화주의자로 교화되기를 바랐다.

연금된 삼 년 사이에 성장기를 맞았던 루이 17세는 육체적으로나 정신적으로 심각한 고통을 겪었다. 한창 클 나이에 하루 한 끼 식사만 제공되었는데, 기록에 따르면 그에게 주어진 음식에 쓰레기와 대

루이 17세

소변이 섞여 있어 아예 먹을 수 없을 정도였다. 게다가 그의 어머니인 마리 앙투아네트는 혁명당원들이 맹공을 퍼붓는 대상이었다. 혁명당원들은 마리 앙투아네트를 밑바닥까지 끌어내릴 목적으로 루이 17세에게 어머니와 근친상간했다는 거짓 자백을 강요했다. 루이 17세는 육체적·정신적으로 가해진 학대를 견디지 못하고 결국 1795년 6월에 숨을 거두었다. 사후 그의 검시 기록을 보면 온몸이 상처투성이였다.

루이 17세가 세상을 떠나고 죽은 왕족의 심장을 분리해 보관하는 프랑스 전통에 따라, 검시관 필립-장 플르탕Philippe-Jean Pelletan이 그의 심장을 적출해 바람에 건조시켜 조심스럽게 보관했다. 이후 이 심장은 정처 없이 여러 곳을 거치다가 20세기 초에 마침내 프랑스 왕실 묘지로 돌아왔다.

2000년 프랑스 당국은 루이 17세의 어머니 마리 앙투아네트 후손의 유전자와 해당 심장의 DNA 검사를 진행했다. 그 결과 루마니아의 앤 왕비와 그녀의 형제인 앙드레 드 바번 파머André de Bourbon Parme왕자를 찾아내었고, 진짜 루이 17세의 심장이라는 것이 과학적으로 증명되었다.

2004년 루이 17세의 심장은 프랑스 왕실 전통 묘지인 생드니 대성당St. Denis에 안치되었고, 프랑스 정부는 정식으로 황실 장례식을 마련해 그를 기념했다.

가엾은 어린 루이 17세가 마침내 집으로 돌아온 것이다.

황실 아동학대 사건의 피해자 루이 17세와 비교했을 때 그의 숙부인 루이 18세도 못지않게 기구한 운명이었다.

프랑스 대혁명이 터지자 루이 18세는 내내 도망다니며 영국, 프로이센(오늘날 독일의 전신), 러시아를 전전했다. 어려서부터 귀족 교육을 받은 황가의 자제로서 루이 18세는 그만의 기품이 있었다. 생활환경이 아무리 비참해도 끝까지 프랑스 정통 왕실의 존엄성을 지키며 나폴레옹에게 투항하기를 거부했다.

프랑스 전쟁의 신 나폴레옹이 처음으로 참패하고 왕위에서 물러난 후에야 루이 18세는 마침내 파리로 돌아왔다. 마지막으로 파리 땅을 밟은 지 23년 만의 일이었다. 당시 루이 18세는 예순이었다. 반평생을 떠돌다가 백발이 창창한 노인의 모습으로 돌아온 것이다. 하지만 왕위는 여전히 불안했다. 나폴레옹이 또다시 정권을 탈취한 것이다. 하지만 상관없었다. 이길 수 없을 땐 그냥 넘겨주면 그만이니

루이 18세

까. 어쨌든 루이 18세는 이런 도망자 생활이 익숙해진 지 오래였다.

다행히 이번에는 벨기에에서 백 일 동안만 숨어 있다가 말았다. 위털루 전쟁에서 나폴레옹의 패배가 확실해졌기 때문이다. 그렇게 루이 18세는 금방 파리로 돌아와 프랑스 국왕의 자리에 앉았고, 십 년 후 세상을 떠났다. 대를 이을 자손이 없던 그는 동생에게 왕위를 물려주었다.

그 동생의 이름은 샤를이었다.

샤를 10세는 분위기를 읽을 줄 모르고 정치의 향방도 제대로 파악하지 못하는 국왕이었다. 프랑스 대혁명 이후 재래시장만 돌아다녀 보아도 생선 파는 아줌마와 돼지고기 파는 아저씨가 인권이 무엇인지, 왜 모든 사람들이 평등해야 하는지에 대해 이야기하는 것을 들을 수 있었다. 일반 국민들도 천부인권 사상에 익숙해진 지 오래였지만, 샤를 10세는 여전히 절대적인 전제 정치와 유아독존으로 군림하는 일이 가능하다는 망상을 하고 있었다. 시대는 발전하고 있지만 본인은 아무 생각 없이 무지한 남자였던 것이다.

1830년 7월 28일, 역사 교과서에 등장하는 7월 혁명이 발발했다. 대중의 분노를 일으킨 샤를 10세는 강압에 못 이겨 아들인 '루이 19세'에게 왕위를 넘겼다. 하지만 루이 19세는 프랑스 국회가 원하던 인물이 아니었다. 그의 아버지가 양위한 지 거의 20분 만에 국회는 왕위 포기 각서에 서명하라고 루이 19세를 압박했다. 이에 불복하며 발버둥 치던 루이 19세가 국회와 다음과 같이 협상을 시도했다고 전해진다. "그럼 딱 한 시간만 국왕 노릇 좀 하게 해주시오!"

그렇게 루이 19세도 '역사상 재위 기간이 가장 짧은 국왕'으로 역사에 이름을 남겼다. 중국 역사상 가장 단명한 황제는 송나라 시대 금국金國의 금말제金末帝 완안승린完顔承麟으로, 즉위한 지 두 시간도 채 되지 않아 적군에게 살해되었다. 19세기 프랑스의 루이 19세에게 깨진 뒤로 지금까지 이 기록을 깬 사람은 아무도 없다. 비록 루이 19세가 금방 자리에서 물러나기는 했지만 그래도 목숨만큼은 보전했으니, 이것도 복福이라면 복이지 않을까?

이후 왕위 계승자는 루이 19세의 당숙堂叔, 2월 혁명의 도화선을 당긴 루이 필리프Louis Philippe다.

루이 필리프는 자칭 '시민왕'으로 시민들의 고충을 가장 잘 이해했다. 시민들은 대체 얼마나 고생을 하고 있을까? 19세기 프랑스는

루이 필리프

어느 정도 조세를 납부할 만큼 돈 있는 사람들만이 선거권을 가질
수 있었다. 당시 프랑스 전체 인구가 3천여 만 명이었는데 재력이 있
어서 선거권을 누릴 수 있었던 사람들은 20만 명에 불과했다. 다시
말해 대다수 시민들이 하층민이었다는 소리다.

선거권이 없는 수많은 시민들이 루이 필리프에게 목소리를 높
였다. "이 세상에 힘든 사람이 많다는 것을 잊지 마십시오! 부디 선
거권을 확대해주시길 부탁드립니다!" 그러자 루이 필리프는 다음과

같이 친절하게 대답했다. "그럼 돈을 더 많이 벌 수 있는 방법을 생각하라. 부자가 되면 선거권을 가질 수 있다."

거참 좋은 생각이네! 시민들은 국왕이라는 사람이 전혀 건설적이지 못한 무미건조한 말을 진지하게 할 수 있다는 데에 도저히 참을 수가 없었다. 그래서 국왕이라는 '생물'은 사회에 아무런 도움도 되지 않으니 아예 '없애버리는' 게 낫겠다는 결론에 이르렀다.

1848년 2월 혁명을 일으킨 프랑스 시민들은 "우리는 국왕이 필요 없으며 대통령을 뽑겠다"라고 외쳤다.

2월 혁명 이후 프랑스인들은 역사상 최초로 대통령 선거를 맞이했다. 그 결과 가장 많은 표를 얻은 후보자는 득표수가 560만 표, 득표율은 모든 민주국가의 대통령들이 부끄러워하고도 남을 74.2퍼센트였다. 그 후보자의 이름도 루이였다.

분명한 것은 그의 이름이 루이라서 시민들이 그에게 표를 던진 것은 절대 아니라는 사실이다. 그의 풀 네임이 루이 나폴레옹 보나파르트Louis Napoléon Bonaparte(나폴레옹 3세)였기 때문이다.

그는 위대한 성姓을 가지고 있으면서 동시에 우리에게 익숙한 나폴레옹의 조카이기도 하다. 그동안 생각 없는 국왕들을 너무 오랫동안 참아왔던 프랑스 시민들은 유럽을 쥐고 흔들던 황금기를 그리워하기 시작했다. 비록 나폴레옹이 마지막에 가서 실패하기는 했지만, 역사는 나폴레옹을 과거 한 시대를 주름잡던 전설이자 신과 같은 존재로 만들었다. 유권자들은 '나폴레옹'이라는 네 글자가 투표용지에 인쇄된 것만 봐도 마음이 들끓었다. 그를 루이와 샤를 둘 중에 무엇으로 부르는지는 중요하지 않았다. 그냥 찍으면 끝이었다.

설령 이 루이가 저 루이가 아닐지라도, 루이 나폴레옹은 시민의 손으로 선출한 프랑스 최초의 대통령이자 최후의 군왕으로서 마침내 '루이 계보'에 종지부를 찍었다.

7

시공을 초월해도 만날 수 없는 남편
– 영국왕 헨리 8세

역사를 보면 위대한 국왕이면서 동시에 망나니 같은 남자들이 많았다. 자기 집 안방에서 일어난 일을 전 국민이 알게 하고 이로 인해 유럽 열강의 외교적 힘겨루기를 촉발시킨 장본인, 결혼 문제를 국제 뉴스 헤드라인에 등장하게 만든 남자라고 하면 헨리 8세를 빼놓고는 이야기할 수 없다. 그의 결혼 위기는 잉글랜드 종교 개혁의 불씨를 당겼다.

헨리 8세와 그의 아내 여섯 명의 스토리는 흡사 잉글랜드 종교 개혁이 전개되고 발전한 역사와 같다. 헨리 8세의 여섯 아내에 관해 알고 싶은 사람들은 아래 해학시를 참고하면 된다.

헨리 8세

헨리 8세는(King Henry VIII)

여섯 번 결혼했다네(To six wives he was wedded)

한 명은 죽고 한 명은 살았으며(One died, one survived)

두 명은 이혼했고 두 명은 목이 잘렸네(Two divorced, two beheaded)

이제 이 여섯 여인들과 더불어 잉글랜드 종교 개혁의 여정을 함께 살펴보도록 하자.

캐서린 아라곤(Catherine of Aragon)

난 나의 상냥함과 따스함이 당신에게 온 우주를 줄 수 있다고 생각했지.

난 바람피우고 싶어 하는 그대의 마음을 잠재울 수 있을 거라 생각했네.

캐서린은 스페인 왕실에서 애지중지하는 공주였다. 선천적으로 똑똑하고 영리한 데다 아름다웠던 그녀는 열여섯 살 되던 해에 잉글랜드로 시집을 와 태자비가 되었다. 스페인과 잉글랜드의 우호 관계 강화를 위한 정치적 목적의 정략결혼이었다.

그런데 애석하게도 결혼한 지 5개월 만에 캐서린의 남편이 세상을 떠나고 말았다. 잉글랜드 입장에서는 스페인 같은 대국에서 귀하게 들인 공주의 중요한 외교적 가치와 정치적인 실리를 쉽게 날려버릴 수 없었다. 이런 이유로 캐서린은 죽은 남편의 동생, 즉 훗날 왕위

캐서린 아라곤

에 오른 헨리 8세에게 재가再嫁했다.

헨리 8세가 열일곱 살에 왕이 되면서 스물세 살이던 캐서린은 단숨에 잉글랜드 왕후가 되었다. 헨리 8세는 젊었을 때 여러 번 공식석상에서 왕후인 캐서린을 얼마나 사랑하는지 밝혔다. 이렇듯 이 연상연하 커플에게는 순수한 아름다움과 달콤한 낭만이 존재했던 시절이 있었다. 젊은 시절 캐서린은 헨리 8세의 아이 여섯 명을 임신했었는데, 태어난 지 얼마 되지 않아 다섯 명이 요절하고, 유일하게 살아남은 메리 공주만이 무럭무럭 성장했다. 왕위를 이을 아들이 계속 없어서 그랬는지 헨리 8세는 미래에 대해 초조함과 불안감을 느꼈고, 캐서린에 대한 싫증도 날로 늘어갔다. 게다가 부부 생활도 무미 건조해지면서 헨리 8세는 나이 들고 미모가 시들해진 캐서린에게 불만을 품게 되었다.

캐서린의 시녀 앤 불린이 헨리 8세의 씨를 잉태했다는 사실이 확인되면서, 마음이 돌아선 남자와 마찬가지로 두 사람의 결혼 역시 되돌릴 수 없게 되었다.

헨리 8세는 앤 불린이 아들을 임신했다고 믿으며 캐서린과 하루라도 빨리 이혼해야겠다고 마음먹었다. 떳떳한 이유로 이혼해야 장차 태어날 아이에게 합법적으로 왕위를 물려줄 수 있었기 때문이다. 헨리 8세는 "형제의 배우자를 아내로 취해서는 안 된다"라는 내용의 《성경》 구절을 인용해 이혼을 주장하고, 잉글랜드 신학자들을 꼬드겨 거리마다 캐서린에게 불리한 소문을 퍼트렸다. 캐서린이 과거 그의 형에게 시집을 갔을 때 이미 여러 차례 동침했기 때문에 두 사람 사이에 아이가 있었을 거라고 지적했다. 헨리 8세는 이를 근거로 자신과 캐서린의 결혼이 무효라고 발표했다.

헨리 8세와 캐서린이 결혼한 지 20년도 더 넘었을 때의 일이었다. 정말로 캐서린의 정절이 의심스러웠다면 결혼 당시에는 왜 의문을 제기하지 않았을까? 20여 년이나 흐른 뒤에, 그것도 고작 유언비어 하나 때문에 왕후의 정절을 문제 삼다니, 몰인정하고 의리 없는 이 남자의 수법이 더할 나위 없이 파렴치하게 느껴진다.

이런 비난에 맞서 출신이 고귀한 캐서린도 자신의 결혼을 지키기 위해서 전면에 나설 수밖에 없었다. 그녀는 은밀하고 사적인 이야기

암투극에 출연했다면, 최소 20회 정도는 얼굴을 비추는 악역이었을 것이다.

어려서부터 유럽 상류사회 중의 상류사회인 프랑스 궁정으로 보내진 앤 불린은 상류층 문화를 보고 배웠고, 각종 춤과 악기, 사교 예절을 비롯해 궁중 암투 기술까지 익혔다. 덕분에 잉글랜드에 돌아온 그녀는 손쉽게 잉글랜드 사교계를 장악하고 수많은 귀족 자제들을 휘어잡았다.

하지만 이 여인은 평범하기를 거부했다. 웬만한 재벌 2세들은 그녀의 성에 차지 않았다. 캐서린 왕후의 시녀가 된 앤 불린의 야심은 그녀를 더 높은 곳으로 올라가게 해주었지만 이후 그만큼 나락으로 떨어트렸다.

젊고 아름다운 앤 불린은 과감한 '밀고 당기기' 기술을 써 가며 헨리 8세의 마음을 단단히 사로잡았다. 연애의 충동은 가끔 이것저것 따지지 않고 어떤 일을 용감하게 밀어붙이게 만드는 힘이 있다. 이 말을 증명이라도 하듯 헨리 8세는 그녀와 결혼하기 위해서 잉글랜드 전체를 난장판으로 만들어버렸다. 결국 앤 불린은 엄청난 반대의 목소리에도 불구하고 잉글랜드 왕후의 자리에 올라섰다.

헨리 8세는 앤 불린이 자신의 왕위를 물려줄 아들을 낳아주기를 간절히 기대했다. 그는 아들을 위해 너무 많은 대가를 치렀기 때문에 앤 불린의 뱃속에 있는 아이에게 모든 희망을 걸었다. 왕자의 탄생을 축하하는 조서와 각종 경축 행사까지 미리 준비해둘 정도였다.

하지만 앤 불린은 아들이 아니라 딸을 낳았다. 이후에 여러 번 임까지 하나하나 공개하며 자신의 결백을 증명했다.

캐서린에게 쏟아진 모든 스페인 국민, 로마 교황청의 지지와 응원도 아내를 내쫓고 말겠다는 헨리 8세의 결심을 흔들지 못했다. 1533년 헨리 8세는 정부인 앤 불린과 결혼하기로 결심하고, 영국 국회는 즉시 입법을 통해 로마 교황청과의 분리를 선포했다. 이때부터 잉글랜드 교회도 로마 천주교의 통제에서 벗어나 종교 개혁 이후 또 하나의 새로운 교파가 되었다. 뒤이어 잉글랜드 최고 종교 지도자인 캔터베리 대주교Archbishop of Canterbury가 헨리 8세와 캐서린의 결혼은 무효이며, 앤 불린이 잉글랜드의 새 왕후가 되었다고 선언했다.

여기까지만 보아도 다들 이 교파가 개혁과 아무 상관이 없음을 발견했을 것이다. 그렇다. 애초에 이 교파가 성립된 목적은 단지 헨리 8세가 순조롭게 이혼하기 위한 구실을 만들기 위한 것에 불과했기 때문이다. 하지만 이는 간접적으로 잉글랜드가 독립성과 자주권을 갖게 만드는 결과를 낳았다.

앤 불린(Anne Boleyn)

모든 것은 거품이었고 왕후였던 시간은 찰나였네.
그대가 한 약속 중에 굳건한 것은 하나도 없었네.

앤 불린이 만약 〈옹정황제의 여인〉(원제: 견환전甄嬛傳) 같은 궁중

앤 불린

신하기는 했지만 매번 유산되었고, 실망을 거듭하던 헨리 8세에게
그녀에 대한 짜증과 미움이 싹트기 시작했다.

옛말에 "결혼은 사랑의 무덤"이라고 했는데, 앤 불린의 위기는 그
이상이었다. 왕의 정부였던 그녀는 '미움 받을 용기'로 무장되어 있어
야 했다. 잉글랜드 국민들은 앤 불린을 왕을 현혹시킨 요부妖婦라고
여기고 캐서린만을 유일하고 진정한 왕후라고 인정했다. 유럽 각국에
서도 헨리 8세의 이혼을 인정하지 않고 앤 불린의 왕후 지위를 부인
했다.

뒤를 받쳐줄 든든한 집안 배경도 없고 남편의 총애마저 잃은 앤
불린은 결국 반역죄로 참수되었다.

제인 시모어(Jane Seymour)

만남과 헤어짐도 모두 한때일 뿐.
만고불변하는 것은 아무것도 없네.

제인 시모어는 원래 캐서린 왕후의 시녀였는데, 뒤이어 왕후 자리에 오른 앤 불린의 곁에서도 계속 시녀로 일했다. 평민 출신에 얌전한 성격이라 크게 눈에 띄지 않았을 텐데, 헨리 8세가 시녀 마니아가 아니었나 싶다. 매번 왕후 옆에서 시중 드는 여자들을 마음에 들어 하니까 말이다.

이번에도 비슷한 상황이 연출되었다. 임신한 제인 시모어와 결혼해 장차 태어날 아이에게 합법적으로 왕위를 물려주기 위해 헨리 8세는 또다시 이혼 생각이 꿈틀댔다. 이번 상대는 비교적 수월했다. 로마 교황청도, 스페인도 아닌 일개 여인이었기 때문이다. 결국 헨리 8세는 간통죄와 반역죄로 앤 불린을 참수했다.

앤 불린이 실제로 간통과 반역을 했는지 여부는 차치하고, 헨리 8세는 '지질한 남자의 진면목을 드러낸 이후에는 인성이 곧장 바닥을 향해 달려갔다. 단명한 제인 시모어는 결과적으로 봤을 때 그나마 행복한 축에 속했다. 헨리 8세와 결혼 생활을 시작한지 1년 만에 에드워드 왕자를 낳고 난산으로 세상을 떠났기 때문이다.

가장 짧은 만남이 가장 잊히지 않는 법이다. 헨리 8세는 자신이 그토록 바라던 왕자를 안겨준 제인 시모어를 위해서 3개월 동안 상

제인 시모어

복을 입었다. 비록 왕후로서 짧은 생을 살았지만, 그동안 남편은 변심하지도 않았고 그녀를 자신의 인생에서 아내라고 인정하는 유일한 여자라고 공언했으니, 이만하면 행복한 삶이었다고 할 수 있지 않을까.

클리브스의 앤

클리브스의 앤(Anne of Cleves)

하늘의 선녀처럼 아름다운 줄 알았는데

이제 보니 화가가 만들어준 얼굴이었네.

클리브스의 앤은 게르만 지역 클리브스 공작의 누나였다. 신성 로마 제국도 새로운 교구教區라서 헨리 8세와 동맹을 맺어 로마 교황 청에 대항할 수 있었기 때문에, 대신들의 건의에 힘입어 클리브스의 앤과 결혼이 성사될 수 있었다.

앤의 초상화를 먼저 봤던 헨리 8세는 그녀의 미모에 반해 바로 결혼을 결심했다. 하지만 그녀의 실물을 보고 나서야 그 시대에는 그림을 과하게 수정하는 풍조가 있었다는 것을 깨달았다. 그림과 실물의 차이가 너무 커서 실망을 금치 못했던 헨리 8세는 결혼이 취소되기를 바랐고, 앤도 이에 화끈하게 동의했다.

헨리 8세와 거리를 유지하는 법을 아는 여인은 현명했다. 이후 클리브스의 앤은 죽을 때까지 쭉 평안하고 즐거운 삶을 살았다.

캐서린 하워드(Catherine Howard)

사랑까지는 아니고 그냥 조금 좋아한 것뿐. 거짓말하지 마시오.
미워하는 것도 아니오. 그러니 집착하지도, 사형하지도 마시오.

캐서린 하워드는 앤 불린의 사촌동생으로 확실히 비슷한 면이 많았다. 젊고 아름다우며 다재다능해서 어딜 가나 유명 인사였다.

헨리 8세에게 시집을 왔을 때 그녀의 나이는 꽃다운 스무 살이었다. 하지만 헨리 8세는 이미 나이 들고 뚱뚱하며 병든 마흔 아

캐서린 하워드

홉의 중년 아저씨였다. 지금까지 남아 있는 자료에서 말년에 헨리 8세의 허리둘레가 약 55~60인치였다는 걸 보면, 몸무게는 대략 136~145킬로그램이었을 것으로 추정된다. 헨리 8세는 너무 뚱뚱해서 몸을 움직일 수 없었기 때문에 특수 제작한 의자로 자리를 옮길 수 있었다. 이밖에도 헨리 8세는 통풍과 당뇨병이 있었고, 발은 일찍이 낙마로 생긴 상처가 계속 낫질 않아 괴사가 진행 중이었다.

한쪽은 생기 넘치고 눈부신 청춘이었고, 다른 한쪽은 등장부터 힘이 없었다. 이런 모습의 헨리 8세는 젊고 놀기 좋아하는 캐서린 하워드를 만족시킬 수 없었다. 결국 그녀도 간통죄와 반역죄로 단두대에서 참수되며 사촌언니와 같은 운명을 맞이했다.

캐서린 파(Catherine Parr)

십년 전에 나는 너를 알지 못했지.
십년이 지난 지금 우리는 늙었구나.

헨리 8세의 마지막 부인 이름도 캐서린이었는데, 그녀는 헨리 8세의 여섯 번째 부인이었고 헨리 8세는 그녀의 세 번째 남편이었다.

두 사람 다 결혼 경험이 풍부한 달인들이라 비교적 화목하게 잘 지냈다. 다만 캐서린 파는 종교 개혁에 열심인 데다 자기주장도 강했다. 새로운 교파 개혁을 더 철저하게 단행하길 바란 것이다. 하지만 헨리 8세는 뼛속까지 보수파인 잉글랜드 교회 지도자였다. 이런 까닭에 두 사람은 서로 의견이 달라서 종종 입씨름을 벌였다. 그래도 같이 늙어가는 처지에 크게 다툴 일은 없었고, 3년 후 헨리 8세는 세상을 떠났다.

헨리 8세가 죽고 캐서린 파는 다른 사람과 재혼했다. 우리는 이 마지막 왕후를 자기 주도적인 삶을 산 여인이라고 인정하지 않을 수 없다.

신기하게도 헨리 8세의 결혼이라는 난제는 잉글랜드 종교 개혁의 신호탄이 되었다. 기왕에 여섯 부인들을 위해 타이틀곡을 지어준 만큼 마지막에는 남자 주인공 헨리 8세를 위한 곡을 적어보겠다.

캐서린 파

그대가 뒤돌아보지 않고 용감하게 밀어붙인 이혼이

사랑과 미움을 종교 개혁의 빛으로 만들었네.

이혼보다 더 이혼 같은 이야기가 잉글랜드 종교 개혁의 서막을
열고, 슬픔보다 더 슬픈 이야기가 이 개혁의 길을 더 멀어지게 만들
었다.

8

러브레터 대항전
– 나폴레옹 VS 데카르트

"난 정말 쓸모없는 사람이야."

"왜 그래?"

"러브레터 쓰는 것 말고는 제대로 하는 게 하나도 없잖아."

라인Line으로 이모티콘을 보내고 페이스북으로 메시지를 전송하는 현대 의사소통 모듈이 발명되기 이전에, 사람들은 러브레터를 써서 서로에 대한 절절한 마음을 표현했다. 마음에 담아둔 말들과 털어놓고 싶은 감정을 손으로 써서 사랑하는 사람에게 전하는 러브레터는, 너와 나 둘만의 세계에서 친밀감을 높여주는 역할을 했다.

유럽 역사상 러브레터를 가장 잘 쓴다고 알려진 유명인사는 세계사에서 막장으로 이름이 난 비극적인 로맨스《로미오와 줄리엣》의 작가 셰익스피어도 아니고, 이혼과 재혼을 반복하며 부인을 여섯이나 들였던 헨리 8세도 아니다. 영국 사람들은 음식과 마찬가지로 '로맨스' 부분에서조차 프랑스 사람들보다 한참 뒤처져 있었다.

프랑스 황제 - 나폴레옹

이번 장에서는 러브레터도 잘 쓰고 개인적인 능력도 남달리 뛰어났던 프랑스의 로맨틱 가이 두 명을 소개하겠다. 호기롭게 스스로를 '여심 저격수'라고 자신하는 사람이라면, 우선 간절한 사랑이 느껴지는 이 두 사람의 러브레터를 한번 살펴보기 바란다.

먼저 소개할 주인공은 인생의 최고 전성기 시절에 '황제 폐하 나폴레옹 1세, 프랑스인 황제, 이탈리아 국왕, 라인 동맹Rheinbund(프로이센 및 러시아와 프랑스 사이의 완충지대 역할 수행을 목적으로 나폴레옹이 독일 서남부 16개국과 체결한 동맹-역주) 수호자, 스위스·헬베티카 연방 중재자'로 불렸다.

눈치챘겠지만 이번 러브레터의 대가는 바로 프랑스 제1제국을 만든 나폴레옹이다. 그는 평생 크고 작은 숱한 전쟁에서 승리를 거두었는데, 놀라울 정도로 뛰어난 그의 전술과 전략은 지금까지도 세계 각국의 군사학교에서 연구하고 배우는 모범이 되고 있다. 그가 황제로 집권하던 시기에 반포한 《나폴레옹 법전Code Napoléon》은 유럽의 법률 체계를 완비한 대륙법 체계의 근간이자 원형으로, 전 세계 수

조세핀

많은 국가의 민법 입법에 지대한 영향을 끼쳤다. 이 역사의 풍운아 나폴레옹은 군사 천재, 정치인이었을 뿐만 아니라 최고의 러브레터 고수이기도 했다.

나폴레옹의 러브레터에 대해 이야기하자면 그가 러브레터를 보낸 대상, 바로 나폴레옹이 평생 사랑했던 여인 조세핀Joséphine에 대한 이야기를 짚고 넘어가야 한다.

나폴레옹이 조세핀을 사랑하게 된 것은 연애학에서 말하는 소위 '비과학적'인 일이었다. 이성적이고 논리적인 사고로는 그가 조세핀 에게 빠져 헤어 나오지 못한 사실을 설명할 길이 없다. 당시 나폴레 옹은 겨우 스물여섯의 나이에 프랑스 대혁명에서 두각을 나타내고 프랑스 역사상 최연소 총사령관이 되었다. 키가 좀 작다는 것만 빼

나폴레옹

면(사실 그렇게 작은 것도 아니었다. 공식적인 기록에 따르면 프랑스식 야드파운드법으로 5피에[pied] 2푸스[pouce]였는데, 계산하면 대략 167센티미터 정도가 된다-저자) 나폴레옹은 돈도 많고 지위도 있는 데다 전도 역시 유망했다. 모든 면에서 미래가 창창하고 어마어마한 몸값을 자랑하는 매력적인 청년이었던 것이다. 그렇다면 조세핀은 어땠을까? 나폴레옹보다 여섯 살 연상인데다 한 번 결혼한 경험이 있었고, 심지어 전 남편은 대혁명 때 반역죄로 처형되기까지 했다. 정치적으로 전 남편과 연루되지 않기 위해 조세핀은 전 남편 사이에서 낳은 두 자녀를 데리고 파리 사교계에서 살아남기 위해 발버둥 쳤다. 수많은 상류사회 남성들이 조세핀과 '베갯머리 송사'를 했다고 전해진다.

전도양양한 최고의 군관 솔로 남성과 도처에서 염문을 뿌리고 다니는 과부, 전통적인 시각에서 보면 분명 기이한 조합이었다.

하지만 사랑이라는 것이 어디 논리로 설명되는 것이던가? 누군가를 사랑하게 되면 깊이 생각할 겨를도 없어지는 법이다.

나폴레옹은 앞뒤 재지 않고 조세핀과 사랑에 빠졌다. 그렇게 그녀를 알게 된 지 3개월 만에 나폴레옹은 약혼자를 버리고 조세핀에게 청혼했다.

하지만 사랑이란 참 얄궂었다. 조세핀과 결혼한 지 이틀 만에 나폴레옹이 프랑스를 떠나 이탈리아로 전투를 치르러 가게 된 것이다. 게다가 조세핀은 전혀 아랑곳없이 새로운 정인을 찾아 나폴레옹의 뒤통수를 쳤다.

혈기왕성한 나폴레옹은 전선에서 전투로 바쁜 와중에도 장거리

연애 중인 조세핀을 그리워하고 걱정했다. 나폴레옹은 애정과 불안한 심경이 동시에 담겨 있는 리브레터를 이탈리아에서 여러 차례 조세핀에게 발송했다.

「사랑하는 당신, 내가 그 많은 편지를 보냈는데도 당신이 내게 보낸 편지는 너무 적구려. 매정한 당신이 나는 그렇게 미울 수가 없소. 가엾고 자상한 남편을 속이다니, 너무 의리 없는 것 아니오? 단지 내가 멀리 있다는 이유 하나로 나의 권리를 잃어버리고, 업무 스트레스와 걱정으로 이렇게 무너져야만 하는 것이오? 나의 조세핀, 당신과 당신의 사랑이 없다면 이 세상의 모든 일이 내게 다 무슨 소용이 있겠소? 내가 무엇을 더 할 수 있겠소?」

「사랑하는 당신, 내게 편지 한 통도 보내지 않은 걸 보니 당신에게 온 신경을 집중하고 있는 무언가가 있는 모양이오. 그러니 나를 잊은 거겠지. 해외에서 있는 힘을 다해 싸우고 극도로 지친 상황에서도 오직 당신만을 생각하는 당신의 남편을 말이오.」

편지에서 알 수 있듯이 나폴레옹의 그리움은 목마름에 가까웠다. 조세핀에게 수많은 편지를 써서 보냈지만, 조세핀은 그 편지를 읽지 않거나 회신하지도 않을 만큼 냉정했다. 상대방이 편지를 읽었는지 알 방법도 없고 일절 회신도 없었기 때문에, 서로 사랑한다는 증거를 찾지 못한 나폴레옹 입장에서는 섭섭하고 답답할 수밖에 없었을 것이다.

하지만 조세핀을 너무 사랑하는 나폴레옹은 섭섭하지만 여전히 간절한 마음을 담아서 이렇게 편지를 보냈다.

「며칠 전까지만 해도 내가 당신을 사랑하는 줄 알았소. 그런데 요 며칠 당신의 얼굴을 보지 못한 뒤로는 이런 생각이 들더군. 내가 천 배는 더 당신을 사랑한다는 것을…. 제발 부탁이니 당신의 단점들을 보게 해 주시오. 지금보다 덜 아름답고, 덜 우아하고, 덜 착할 수는 없는 것이오?」

아무리 나폴레옹처럼 전쟁터를 종횡무진 누비던 남자라도 사랑 앞에서는 한없이 작아지는 모양이다. 도도한 조세핀에게 보내는 러브레터를 보면 나폴레옹에게 그녀는 전부나 마찬가지였고, 조세핀이 그를 원하는 마음보다 나폴레옹이 그녀를 원하는 마음이 훨씬 더 컸다는 것을 느낄 수 있다.

이런 기록들만 봐서는 나폴레옹만 조세핀을 열렬히 사랑하고 조세핀은 천하의 못된 여자라고 생각하기 쉽다. 그런데 사랑은 단순할지 몰라도 현실은 결코 단순한 적이 없다. 이 부부의 역사에 대해 익숙한 사람이라면 잘 알겠지만, 나폴레옹은 평생 전쟁터만 누비고 다닌 것이 아니었다. 도처에 정부情婦가 있을 만큼 여성 편력이 화려했는데, 심지어 러시아 황제의 여동생까지 꾀어낼 정도였다. '사교계의 꽃'이라는 명성에 손색없는 조세핀의 성격은 그녀의 인생에 꽃길을 깔아주었고, 주변에는 남자들이 끊이질 않았다. 살아생전에 그녀의 집은 언제나 파리 사교계에서 가장 인기 있는 장소였다. 나폴레옹과 조세핀은 남녀 관계에서는 각자 자유분방한 연애를 추구했고 권력 면에서는 완벽한 상호 보완적인 관계였다. 나폴레옹은 자신의 군사적 재능으로 유럽 대부분의 영토를 손에 쥐었지만, 내부적으로 파리 정계政界에서는 거의 조세핀의 뛰어난 사교 수완의 덕을 많이 보았다고 해도 과언이 아니었다. 조세핀이 나폴레옹에게 힘을 실어줄 아군을 많이 만들어준 덕분에, 프랑스 공화국을 프랑스 제국으로 바꾸어 프랑스 황제의 자리까지 오를 수 있었던 것이다.

황제가 된 이후 두 사람의 사랑은 그리 단순하지 않았다. 평범한 로맨스 소설처럼 두 사람이 서로 사랑하는 것만으로는 스토리를 이어갈 수 없었다. 《여의전如懿傳》에서처럼 오로지 사랑하는 사람과 백년해로하기만을 바라다가는, 머리카락을 자르며 헤어지는 운명을 맞이할 수밖에 없을 것이다. 실제 현실에서 황제와 황후의 협력은 사랑보다 대부분 정치적인 이익에 기반을 둔 연합인 경우가 많았다. 현실을 위해 양보하고 대국을 최우선으로 생각하는 데서 비롯된 선택이었던 것이다.

그렇다고 해도 나폴레옹의 러브레터 행간에서 드러나는 사랑의 감정을 보면 편지를 쓰던 그 순간만큼은 나폴레옹의 사랑이 진실했다고 믿고 싶다. 펜을 내려놓은 후에는 치러야 할 전쟁, 다투어야 할 지위, 손에 쥐어야 할 권력이 여전히 그의 눈앞에 놓여 있기는 하지만 말이다. 러브레터는 아마 나폴레옹의 가장 단순했던 희망을 품고 있던 곳이었을지도 모른다.

그리고 이 단순함은 오랜 시간이 지나 가장 값어치 있는 역사 소재가 되었다.

"너한테 하고 싶은 얘기가 있어."

"뭔데?"

"너랑 사랑을 속삭이고 싶어(중국어로 '談戀愛'는 연애하다, 사귀다라는 뜻인데, 해당 문장은 '이야기하다'는 뜻의 '談'자를 이용한 작가의 언어유희로 볼 수 있다-역주) 그리고 말이 나온 김에 가격 얘기도 좀 하고 싶은데?"

프랑스 황제 나폴레옹이 첫 번째 부인 조세핀에게 쓴 러브레터 세 통은 2019년 4월 4일, 총 51만 3천 유로(한화 약 7억 2천만 원)에 낙찰되었다(웃음).

수학자의 낭만 - 데카르트

프랑스의 두 번째 로맨틱 가이는 "나는 생각한다. 고로 존재한다."라는 명언을 남기고 연역법을 제시한 프랑스 철학자 겸 수학자 데카르트다.

과거 나의 수학 선생님이 데카르트와 스웨덴 공주 크리스티나의 사랑 이야기를 들려준 적이 있었다.

선생님의 말에 따르면 1648년 크리스티나 공주가 열여덟 살일 때 데카르트는 공주의 수학 교사로 임명되었다. 데카르트는 공주에게 직각 좌표계뿐만 아니라 사랑이 무엇인지에 대해서도 가르쳐주었다. 두 사람은 좌표 세계의 곡선에만 매료된 것이 아니라 서로에 대해서도 빠져들었다. 스승과 제자의 사랑은 오늘날에도 여전히 사람들에게 질시를 받지만, 그 당시에는 더더욱 경천동지할만한 일이었다. 딸이 데카르트와 사랑에 빠진 것을 알게 된 스웨덴 국왕은 불같이 화를 내며 데카르트를 스웨덴에서 추방시켰다.

스웨덴에서 프랑스로 돌아온 데카르트는 당시의 불치병이던 흑사병에 걸리고 말았다. 목숨이 촌각을 다투는 와중에도 데카르트는 크리스티나 공주에게 총 열세 통의 편지를 보냈는데 한 번도 답신을 받지 못했다. 스웨덴 국왕이 중간에서 편지를 전부 가로챘기 때문이다. 데카르트는 열세 번째 편지를 보낸 후 세상과 영원한 작별을 고했다.

국왕은 열세 번 째 편지를 보고 도저히 이해하기가 힘들었다. 아무 말도 없이 그냥 'r=a(1-sinθ)'이라는 수학 공식 하나만 적혀 있었던 것이다. 국왕이 스웨덴에 있는 수학자란 수학자들은 전부 불러다가 방정식을 풀게 했지만 아무도 성공하지 못했다. 결국 국왕은 늘 울적해하는 딸이 기운을 차리기를 바라며 데카르트의 편지를 건네주었다. 편지를 받은 크리스티나 공주는 뛸 듯이 기뻐하며 종이와 펜을 꺼내 방정식을 도형으로 그려내기 시작했다.

방정식을 풀어나가던 크리스티나는 눈앞에 하트 모양이 나타나

데카르트

는 것을 발견했다. 데카르트는 생명이 꺼져가는 마지막 순간에도 수
학으로 그녀에게 자신의 진심을 고백했던 것이다.

정말이지 너무나도 애절하고 이공계 남성의 낭만이 듬뿍 느껴지
는 사랑 이야기이지 않은가! 이 이야기를 듣고 여자 문과생으로서
나는 데카르트의 고백 방식도 고백 방식이지만, 그 방정식을 풀어낸
크리스티나 공주의 수학 실력에 더 감탄했다. 어떻게 그걸 풀었지?
내가 그 편지를 봤다면 어리둥절한 표정으로 그냥 넘겨버리고 말았
을 텐데 말이다.

다들 이 일화에 한껏 도취되어 있는 지금, 살짝 정신이 들 만한
말을 전해야 할 것 같다. 이 이야기는 수학 선생님이 해주었다는 사
실을 기억하시라. 수학 교사의 전공은 수학이지 역사가 아니다.

실제 역사에서 1648년 크리스티나는 공주가 아니라 스웨덴 여왕이었다. 당시 데카르트가 스웨덴을 방문했던 것은 사실이지만, 그가 맡은 직책은 여왕의 수학 교사가 아니라 철학 고문顧問이었다. 그리고 그는 흑사병으로 사망한 것이 아니라 스웨덴에서 폐렴에 걸려 열흘 만에 세상을 떠났다. 가끔은 수학 교사보다 역사 교사가 더 이성적으로 보일 때가 있는 것 같지 않은가?

크리스티나

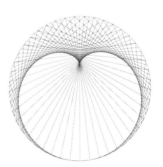

데카르트의 사랑 방정식

9

정치는 좋은 배우자를 골라 결혼하는 것이 최고다
– 합스부르크 왕가(House of Habsburg)

다들 한 번쯤 이런 말을 들어보았을 것이다. "결혼은 두 사람만의 결합이 아니라 두 집안의 결합이다." 유럽 왕실의 결혼을 설명하기에 이보다 더 적합한 표현은 없을 것 같다.

15세기 이후 유럽 왕권이 강화되면서 국가는 국왕 개인의 소유물이라고 해도 과언이 아니었다. 당시 유럽 사회에서 계승권은 결혼한 부부가 낳은 자녀, 즉 적출자嫡出子의 합법적인 권리를 충분히 보장해 주었다. 혼외 자녀는 법적 계승권은 물론이고 사회적 지위까지도 가질 수 없었다.

미국 인기 드라마 시리즈 〈왕좌의 게임Game Of Thrones〉의 남자 주인공 존 스노우Jon Snow는 에다드 스타크Eddard Stark 가문의 서자로

자라 비천한 지위에 있었다. 칠왕국Seven Kingdoms의 왕 로버트King Robert가 북부The North를 방문했을 때, 존 스노우는 파티에도 참석하지 못하고 혼자 정원에서 답답한 심정으로 검을 휘두르며 연습할 수밖에 없는 처지였다.

사생아는 과거 유럽 역사에서 욕망과 거짓말이 결합된 산물로 여겨졌다. 선천적으로 방탕한 피가 흐른다며 미움을 받았던 것이다. 왕위 계승권은 합법적인 결혼을 통해서만 주어지는 권리였고, 정식으로 치러진 신성한 결혼은 영토와 권력 소유권에 직접적인 영향을 끼쳤다.

따라서 군왕의 결혼은 단순한 남녀 간의 사랑이 아니라 줄곧 정치면을 장식하는 헤드라인 뉴스였다. 제대로 된 짝을 찾아 손을 잡으면 가문의 판도와 권력을 크게 확장시킬 수 있었지만, 짝을 잘못 고르면 결혼상담소에 가서 등록하는 것으로 그치는 게 아니라 미래 국력의 향방에도 영향을 미칠 가능성이 높았다. 이런 이유로 집안도 비슷하고 국가 발전에도 도움이 되는지 여부가 황실에서 배우자감을 고를 때 최우선적으로 고려하는 기준이 될 수밖에 없었다. 황실 자녀들의 종신대사가 곧 국가대사였던 것이다.

유럽에서는 유행하던 라틴어 속담을 빌려 결혼 사업에서 보여준 어느 한 가문의 위대함을 찬양했다.

Bella gerant alii, tu felix Austria nube.

Nam quae Mars aliis, dattibi regna Venus.

다른 나라는 전쟁을 하더라도, 너 축복받은 오스트리아여 결혼에 힘쓰라.

남들에게는 전쟁의 신 마르스가 나라를 주겠지만, 너희는 사랑의 여신 비너스가 주리니.

정치는 좋은 배우자를 골라 결혼하는 것이 장땡이었다.

'축복받은 오스트리아'는 합스부르크 왕가의 핵심 영지를 가리킨다. 합스부르크가는 정말 제대로 '미친' 가문이었다. 중유럽에 위치한 작은 오스트리아에서 출발해 결혼을 수단으로 끊임없이 영지를 확장했고, 피 한 방울 흘리지 않으면서 유럽 역사상 가장 유명하고 가장 넓은 지역을 통치한 가문으로 성장했기 때문이다.

대체 그들은 어떻게 결혼으로 가문의 세력을 차근차근 확장해나갈 수 있었을까?

첫째, 결혼을 하면 자녀를 많이 낳으려고 노력했다. 자녀는 많으면 많을수록 좋았다. "한 명도 괜찮다. 두 명은 딱 좋다. 세 명은 많은 편이 아니다. 네 명은 테이블에 채워 앉기 좋다. 다섯 명은 차를 바꾼다."라는 말처럼 합법적인 적출자가 많을수록 향후 결혼 사업에 쓸 수 있는 패도 늘어났다. 우리가 다룰 이야기의 남자 주인공 중 하나인 합스부르크 왕가의 창시자 루돌프 1세Rudolf I of Germany는 결혼해서 낳은 자식들만 열한 명이었다.

둘째, 낳았으면 죽지 않게 살려서 잘 길러야 했다. 중세 유럽은 의학이 별로 발달하지 않았고 위생 관념이 뒤떨어져서 영아 사망률이 높았는데, 무려 70퍼센트에 달하는 영아들이 태어난 지 1년도 채 되지 않아 숨을 거두었다. 당시에는 백신이라는 게 없어서 사람들은 쉽게 천연두, 백일해, 파상풍, 홍역, 이하선염, 독감과 같은 각종 질병의 위협을 받았다.

이런 세균과 바이러스들은 대부호 집안에서 태어났다고 해서 결코 비켜가지 않았다. 귀족 자제들 중에서도 3분의 1에 해당하는 수가 다섯 살이 되기도 전에 병으로 목숨을 잃었다. 어릴 때 건강하게 잘 키워내지 못하면 어떻게 그 아이가 자라서 좋은 아내나 남편을 맞아 가문에 이득을 가져다주길 바랄 수 있겠는가?

합스부르크 왕가는 아이를 잘 보살피는 데 상당한 공을 들인 덕분에 결혼할 재목으로 키워낼 수 있었던 것이다. 루돌프 1세의 자녀 열한 명 중에 딸 여섯 명과 아들 세 명이 별 탈 없이 커서 성인이 되었으니 자녀 양육 성공률이 80퍼센트가 넘는다. 그 당시 평균치를 크게 웃도는 걸 보면 합스부르크 왕가만의 양육 비법이 있는 게 틀림없다.

셋째, 좋은 배우자감을 골라 결혼해야 했다.

결혼으로 정치적인 이득을 얻으려면 정확한 투자 안목이 있어야 한다. 그 전에 먼저 신성 로마 제국의 황제가 어떻게 선출되었는지 이해하고 넘어갈 필요가 있다.

신성 로마 제국을 두고 프랑스의 계몽 사상가 볼테르Voltaire는 "신성하지도 않고 로마도 아니며 제국은 더더욱 아니다."라고 비판했는데 여기에는 나름의 이유가 있다. 신성 로마 제국은 권력이 분산되어 있고 지방 제후국 수백 개가 모여 이루어 진 정치 집합체이기 때문이다.

여기에는 쾰른 대주교, 마인츠 대주교, 트리어 대주교, 라인란트 팔츠 백작(13세기 이후 이 지역은 바이에른 공작의 통치를 받는다-저자), 작센-비텐베르크 공작, 브란덴부르크 변경백, 보헤미아 국왕 등 목소리가 컸던 제후 일곱 명이 있는데, 신성 로마 제국 황제를 선출할 수 있는 권리를 가지고 있어서 선제후選帝侯라고 불렀다.

이중 대주교 3인은 결혼을 할 수 없으니 논외로 하고, 앞에서

루돌프 1세

언급했던 루돌프 1세의 딸 여섯 명이 각각 누구에게 시집을 갔는지 살펴보자.

마틸다Matilda: 바이에른 공작부인
캐서린Catherine: 바이에른 공작부인
아그네스Agnes: 작센 공작부인
헤드위그Hedwig: 브란덴부르크 변경백작부인
클레멘티아Clementia: 헝가리 왕후
유디트Judith: 보헤미아와 폴란드 왕후

이 여섯 여인들 앞에 붙은 직함과 7대 선제후의 명단을 자세히 한번 비교 대조해 보시라. 신성 로마 제국의 제후 수백 명 가운데 루돌프 1세의 딸들이 결코 아무한테나 시집을 간 게 아니라는 것을 알 수 있다. 상당히 목적성을 띤 선택이었던 것이다. 딸이 아이를 낳아서 열심히 잘 키우기만 하면 루돌프 1세의 손자(a.k.a.합스부르크 왕가의 후손)가 미래의 선제후가 될 수 있었기 때문이다. 루돌프 1세는 딸 여섯을 시집보내 놓고 신성 로마 제국 황제 선출권을 장악할 때를 기다린 셈이다.

'국민 할아버지' 루돌프 1세는 지혜롭게 통혼을 성사시키는 데 능했는데, 이 재주는 약 200년이 흘러 그의 후손인 막시밀리안 1세Maximilian I에게 고스란히 전해졌다. 막시밀리안 1세는 스스로 선택해서 부르고뉴 공작의 딸 마리와 결혼했다. 부르고뉴 공작의 유일한

막시밀리안 1세와 그의 가족

적출자인 마리는 모든 토지를 상속받기 때문에, 마리와 결혼하는 것은 부르고뉴 공국의 영토를 얻는 것과 마찬가지였다. 부르고뉴의 영토에는 지금의 프랑스 동남부를 비롯해 북쪽으로 룩셈부르크, 벨기에, 네덜란드까지 포함되었다.

부인 마리가 세상을 떠난 후 막시밀리안 1세는 또 다른 이득을 챙길 수 있는 기회를 낭비하지 않고 이탈리아 밀라노 공작의 딸과 재혼했다. 비록 토지를 물려받지는 못했지만 밀라노는 지중해 무역으로 부를 축적한 도시였다. 부인을 들이면서 덩달아 알짜배기 혼수를 챙기게 된 것이다. 이후 그는 부인이 가져온 막대한 소득으로 뇌물을 주면서 신성 로마 제국 황제의 지위를 공고히 하고 합스부르크 왕가의 태평성대를 열었다. '일부일처제'를 따르는 천주교 원칙에 따라 더 이상 결혼이 힘들어진 막시밀리안 1세는 아들을 결혼시켜 세력 확장을 도모할 수밖에 없었다. 그의 아들은 역사상 '엘 에르모소 El Hermoso(미남왕)'라고 불리는 펠리페 1세Felipe I인데, 'Hermoso'는 스페인어로 '아름다운'이라는 뜻이다. 펠리페 국왕은 외모만 아름다웠던 게 아니라 권세가 대단했던 합스부르크 왕가의 자제였기 때문에 대등한 권세가와 결혼으로 맺어지는 것은 당연한 일이었다.

15세기에 유럽 최강의 국가는 신대륙을 발견한 스페인이었다. 스페인 사람들은 아메리카 개척으로 약탈한 엄청난 양의 금, 세계 탐험과 식민지 확장 사업을 통해 당시 유럽의 패권 국가가 되었다. 막시밀리안 1세는 아들 펠리페 1세에게 스페인의 후아나Juana 공주를 짝으로 맺어주었는데, 덕분에 합스부르크 왕가는 이후 200년 가까이 이어진 스페인 지배 역사의 서막을 열게 되었다.

이 잘 어울리는 커플에게는 자녀가 둘이었는데, 그 장남이 바로 역사상 이름 앞에 가장 긴 칭호가 붙는 카를이었다.

〈왕좌의 게임〉에 나오는 시녀는 '용들의 어머니' 대너리스를 이렇게 소개한다. "당신 앞에 있는 분은 안달인Andals, 로인인Rhoynar과 최초인의 여왕, 칠왕국의 통치자 겸 수호자, 대초원 도스라키Dothraki의 칼리시, 사슬의 파괴자, 미린Meereen 여왕, 폭풍의 딸, 드래곤 스톤의 공주, 대너리스 타가리엔Daenerys Targaryen이시다."

줄줄이 이어지는 긴 칭호를 보기만 해도 위엄이 느껴지지 않는가! 그런데 '용들의 어머니'는 카를에 비하면 아무것도 아니었다. 카

펠리페 1세   후아나

를 앞에 붙는 칭호는 다음과 같다.

"카를, 신의 은총을 받은 자, 신성 로마 제국 황제, 영원한 아우구스투스, 독일 왕, 이탈리아 왕, 모든 스페인의 왕, 카스티야, 아라곤, 레온, 헝가리, 달마티아, 크로아티아, 나바라, 그라나다, 톨네도, 발렌시아, 갈리시아, 마요르카, 세비야, 코르도바, 무르시아, 하엔, 알가르베, 알헤시라스, 지브롤터, 카나리아 제도, 시칠리아 왕, 사르데냐, 코르시카, 예루살렘 왕, 서인도와 동인도의 왕, 대양의 섬들과 땅들의 지배자, 오스트리아 대공, 부르고뉴 공작, 브라반트 공작, 로트링겐 공작, 스티리아 공작, 카린티아 공작, 카르니올라 공작, 림부르크 공작, 룩셈부르크 공작, 헬데를란트 공작, 네오파트리아 공작, 뷔르템

베르크 공작, 알자스 백작, 슈바벤, 아스트리아, 카탈루냐의 대공, 플랑드르 백작, 합스부르크 백작, 티롤 백작, 고리치아 백작, 바르셀로나 백작, 아르투아 백작, 부르고뉴 백작, 에노 백작, 홀란드 백작, 질란트 백작, 페레테 백작, 키부르크 백작, 나뮈르 백작, 루시용 백작, 세르다뉴 백작, 쥐트펀 백작, 신성 로마 제국의 후작, 부르가우 후작, 오르시타노 후작, 고르치아노 후작, 프리시아, 벤디세 마르크, 포르데노네, 바스크, 몰린, 살랭, 트리폴리와 메헬렌의 군주."

(Charles, by the grace of God, Holy Roman Emperor, forever August, King of Germany, King of Italy, King of all Spains, of Castile, Aragon, León, of Hungary, of Dalmatia, of Croatia, Navarra, Grenada, Toledo, Valencia, Galicia, Majorca, Sevilla, Cordova, Murcia, Jaén, Algarves, Algeciras, Gibraltar, the Canary Islands, King of Two Sicilies, of Sardinia, Corsica, King of Jerusalem, King of the Indies, of the Islands and Mainland of the Ocean Sea, Archduke of Austria, Duke of Burgundy Brabant, Lorraine, Styria, Carinthia, Carniola, Limburg, Luxembourg, Gelderland, Neopatria, Württemberg, Landgrave of Alsace, Prince of Swabia, Asturia and Catalonia, Count of Flanders, Habsburg, Tyrol, Gorizia, Barcelona, Artois, Burgundy Palatine, Hainaut, Holland, Seeland, Ferrette, Kyburg, Namur, Roussillon, Cerdagne, Drenthe, Zutphen, Margrave of the Holy Roman Empire, Burgau, Oristano and Gociano, Lord of Frisia, the Wendish March, Pordenone, Biscay, Molin, Salins, Tripoli and Mechelen.)

일단 카를이 자신의 이런 칭호를 외울 수 있었는지 여부는 상관하지 않기로 하자. 카를의 아버지인 미남왕 펠리페 1세는 스물여덟의 나이에 세상을 떠나고, 카를의 어머니인 후아나 공주의 하나뿐인 오빠, 즉 스페인 왕위 계승자였던 후안도 한창 나이에 숨을 거둔다.

스페인 사람들은 후아나를 '라 로카La Loca'라고 부르는데, 알 만한 사람은 다 아는 미치광이라는 뜻이다. '미친 후아나'는 정신 이상으로 강성한 스페인을 이끌어갈 수 없었다. 아버지는 일찍 죽고 어머니는 미쳐버린 상황에서 카를은 위대한 카를이 될 수밖에 없는 운명이었던 것이다. 합스부르크 왕가 결혼 역사상 가장 눈부신 성과라고 할 수 있을 만큼 가장 광대한 영토를 호령한 카를 5세Charles V가 바로 이곳에서 탄생했다.

카를 5세의 할아버지 막시밀리안 1세는 신성 로마 제국 황제, 카를 5세의 할머니 마리는 부르고뉴 공국 계승자, 어머니 후아나는 스페인 왕국의 후계자였다.

이로써 카를 5세는 즉위 후 신성 로마 제국, 부르고뉴, 스페인을 합친 영토를 이어받게 되었다. 한 차례 전쟁도 없이 부모와 조부모 덕분에 유럽의 초특급 대지주가 되면서 합스부르크 왕조의 최고 전성기를 맞이했다.

모름지기 정상에 올랐으면 내려올 준비를 해야 하는 법이다.

영토가 점점 넓어질수록 도처에 적들도 늘어갔고, 다스릴 인구가 많아진다는 것은 점점 다양해지는 목소리를 포용해야 할 필요가 있다는 뜻이었다. 그런데 합스부르크 왕가는 무력을 통한 정복이

카를 5세(카를로스 1세)

나 민심에 기반을 둔 것이 아니라 결혼 서약서를 바탕으로 영토를 다스렸다. 결혼과 재혼을 반복하면서 많은 영토와 권력을 얻기는 했지만, 모든 영토는 각자 나름의 법률, 풍습, 문화 전통을 가진 제후들이 다스리는 공국이었다. 계승권에 기댄 통치는 큰 힘을 발휘하지 못하고, 금방 사라져버리는 연약한 결합에 불과했다.

"다른 나라는 전쟁을 하더라도, 너 축복 받은 오스트리아여 결혼에 힘쓰라."

합스부르크 왕가가 한 일이라고는 결혼밖에 없었고, 영토와 재산을 상속받기 위해서 사랑을 희생했다. 저마다 개성이 다른 제후 봉국들을 억지로 묶어 놓으니 서로 괴로울 수밖에 없었던 것이다.

진정성도 없고 신뢰할 수 없는 통치를 하는데, 합스부르크 왕가의 이익과 야심을 위해서 어느 누가 기꺼이 희생하려고 들겠는가?

합스부르크 왕가가 지배하던 봉국과 민족이 하나 둘 이탈하고, 그나마 남아 있던 지역에서도 잡음이 끊이질 않았다. 합스부르크 가문의 황태자와 그의 부인이 사라예보Sarajevo에서 피격되면서 제1차 세계대전이 일어났다. 그제야 합스부르크 가문은 정치라는 것이 얼마나 어려운지 깨닫게 되었다.

10

미국 역사상 가장 위대한 대통령
– 링컨에게 과분한 칭찬일까?

미국 역사상 가장 위대한 대통령이 누구인가에 대해서 과연 시비가 있을까?

미국 사람들은 역대 대통령을 위대한 순서대로 번호 매기는 것을 좋아한다. 일반 대중을 대상으로 조사할 때도 있고 역사학자나 정치학자들을 인터뷰해서 순위를 정할 때도 있다. 조사 연구 기관이 어디든 링컨은 늘 3위 안에 들고 1위를 밥 먹듯이 차지하는 명실상부 미국 최고의 대통령이라고 할 수 있다.

과연 이게 터무니없는 결과일까 아니면 이유가 있는 것일까? 링컨이 너무 과대평가된 것은 아닌지 같이 한번 살펴보자.

1809년 링컨은 켄터키 주의 어느 가난한 시골에 있는 초라한 통나무집에서 태어났다. 이 지역에서는 나이를 좀 먹으면 부모를 도와 소몰이, 닭 사육, 장작 패기, 김매기 같은 고된 농사일을 도와야 했다.

1816년 일곱 살이 된 링컨은 인디애나 주의 외진 들판으로 가족들과 함께 이주했는데, 황무지 개간 작업은 생각보다 훨씬 더 고되고 힘들었다. 중국 대륙에서 타이완으로 이주해 어려서부터 열심히 논과 밭을 일구던 사람들과 똑같은 심정을 링컨도 분명히 느꼈으리라.

1818년, 링컨이 아홉 살 되던 해 어머니가 병으로 세상을 떠났다. 가정 형편이 어려웠기 때문에 링컨은 매일 집안일을 도와야 했다. 드문드문 학교를 다니기는 했지만 링컨이 평생 들었던 학교 수업 시간은 다 합쳐도 1년이 채 되지 않았다.

1824년 열다섯의 나이에 링컨은 마침내 영어 알파벳 스물여섯 글자를 다 익히고, 느리지만 책을 읽을 수 있게 되었다. 혼자 공부하는 매 순간을 소중히 여기던 그는 평생 피곤한 줄 모르고 책을 읽는 독서 애호가로 살았다. 링컨이 즐겨 읽은 책으로 《성경》, 《이솝우화》, 《로빈슨 크루소》와 셰익스피어의 작품들이 있다.

1830년 스물한 살의 링컨은 또 다른 곳으로 이주했다. 이번에는 온가족이 서쪽으로 이동해 일리노이 주의 황량한 벌판에 터전을 잡았다. 만약 링컨이 미국 대통령에 당선되지 않았거나 할리우드에 가서 〈링컨: 뱀파이어 헌터Abraham Lincoln: Vampire Hunter〉에 출연하지 않았다면(2012년 영화로, 링컨이 뱀파이어로 나온다-역주), 게임 '목장이야기Story of Seasons'의 광고 모델로 링컨보다 더 적합한 사람은 없을 거라 확신한다. 오랫동안 해온 개간 작업은 링컨의 심신을 단련시켰고, 수수하고 질박한 농가의 삶은 그를 성실하고 온화한 성품으로 키워내었다. 그가 정계에 입문한 이후 많은 사람들에게 깊은 신뢰를 얻을 수 있도록 만든 중요한 자산이 된 것이다.

1831년 스물두 살이 되어 처음으로 투표권을 행사하게 된 링컨은 국회 상원의원 선거에 참여하면서, 투표권에 미미한 국민을 위대하게 만드는 힘이 있다는 것을 뼈저리게 깨달았다. 같은 해 링컨은 친구가 운영하는 잡화점에서 아르바이트를 했는데, 정직하고 성실하게 일해서 '정직한 아베Honest Abe'라는 별명을 얻었다. 게다가 친절한 태도와 유쾌한 말솜씨로 손님을 응대한 덕분에 두루 좋은 인연을 맺고 많은 인기를 누릴 수 있었다.

1832년, 스물세 살의 용감한 청년은 정치 무대에 과감하게 도전장을 던졌다. 일리노이 주 의회 하원의원 경선에 나선 것이다. 당시 링컨은 평범한 집안에서 자란 시골 청년이었고 전체적으로 인지도가 낮았다. 무엇보다 돈과 권력이 있는 사람들과의 인맥이 부족해서 안타깝게도 선거에서 고배를 마셨다. 그래도 본인이 살던 지역 선거구에서는 300표 중 무려 277표를 획득했다. 링컨의 인생을 통틀어 유일하게 국민들의 선택을 받지 못한 선거였지만, 지역 주민들에게 링컨이 얼마나 매력적인 사람이었는지 여실히 보여주는 사건이었다.

1834년 스물다섯 살에 링컨은 다시 한 번 주 하원의원 선거에 출마해 최연소 하원의원이 되었다. 그 후 세 번 연속(1836, 1838, 1840년) 연임에 성공했는데, 유권자들을 위해 바쁘게 일하면서도 공부를 게을리 하지 않았다. 1836년 초등학교도 졸업하지 못한 링컨은 오로

링컨

지 독학으로 변호사 시험을 통과해 자격증을 취득하면서 개업할 수
있는 등록 변호사가 되었다. 의회 개회 때는 의원의 본분을 다하고,
휴회 때는 변호사로서 사건을 맡아 부지런히 일했다.

1841년 서른두 살이 된 그는 의원의 삶을 잠시 내려놓고 본인이
소속된 휘그당(Whig Party) 업무를 보조하면서 변호사 사무실을 개
업해 변호사 업무에 전념했다. 대부분의 사람들은 미국 변호사라고
하면 탐욕스럽고 교활한 이미지를 떠올리지만, 링컨은 변호사 일을
하면서 배를 불리지 않았다. 수임료가 적어도 정직하고 정의롭게 일
했고, 수많은 변호사 업무와 소송 건을 깔끔하고 멋들어지게 완수
하면서 민심과 좋은 평판을 얻었다.

1846년 서른일곱의 나이에 링컨은 휘그당으로부터 국회 하원의원 후보자로 지명되었고, 같은 당원들은 십시일반으로 200달러를 모아서 경선 비용으로 보태주었다. 그런데 링컨은 하원의원으로 당선된 후 경선 때 75센트밖에 안 썼다면서 당원들에게 나머지 199달러 25센트를 돌려주었다.

1850년대는 오십 줄을 바라보는 나이가 된 링컨에게는 정치가로서 최고의 전성기였다. 공교롭게도 그는 노예제도 존폐라는 당시 가장 민감한 정치 문제를 맞닥뜨리게 되었다.

우리를 곤란하게 만드는 것은 노예주와 자유주 문제가 아니다

미국은 13개 주로 시작했지만, 북부의 일곱 개 주가 노예제 폐지를 주장하는 자유주가 되었고, 남부의 여섯 개 주는 노예제를 유지하는 노예주가 되었다.

그런데 이렇게 구분한다고 해서 북부 사람들이 인권을 중시하고 양심이 있어 훌륭하다거나, 남부 사람들은 피도 눈물도 없고 도덕적 양심이라고는 찾아볼 수 없다는 뜻은 절대 아니다.

19세기 이후 영국 산업혁명으로 방직 산업이 크게 발달하게 되자 국제 시장에서 면화 수요가 끝도 없이 치솟았다. 그런데 미국 남부의 열대 기후는 면화 농사에 필요한 핵심 조건을 완벽하게 만족시

1860년 선거 운동 기간에 노예 문제와 정당 사이에 끼인 링컨

컸다.

면화라는 이 작물은 잡초에 약한 특성이 있어서 제초 작업을 자주 해주어야 했다. 무엇보다 면화는 습한 날씨에 채취할 수 없기 때문에, 다 자라고도 순전히 날씨 상태를 본 다음에야 후속 작업을 할지 말지를 결정할 수 있었다. 대규모로 면화를 재배하고 수확하는데 있어서 까다로운 면화의 성질을 맞춰주려면 한철만 잠깐 일하는 계절노동자들을 대거 고용해야 하는데, 단번에 충분한 인력을 구하기가 매우 어려웠다.

흑인 노예는 가격도 저렴하고 한번 매매 계약을 체결하면 종신 계약이었기 때문에, 면화 재배에 들어가는 노동 비용을 최대한 낮춰 이윤을 극대화하는 데 흑인 노예보다 더 좋은 선택지는 없었다. 면화가 가져온 경제 기적은 노예 제도를 확장시켰고, 면화 생산에서 흑인 노예는 필수 요소가 되었다.

미국 영토가 끊임없이 확대되면서 새로운 주州들이 속속 연방 정부에 가입했다. 그러면서 자연히 새로운 주는 자유주와 노예주 중에 어느 쪽이어야 하는지에 대한 논쟁이 벌어졌다.

양쪽 세력이 국회에서 정치적 균형 상태에 있도록 하기 위해서 미국 국회는 연방 정부에 새로운 주가 가입 신청을 할 때마다 항상 관련 문제를 조심스럽게 처리했다. 그런데 어떻게 해도 처리가 곤란하다는 것이 문제였다. 단순하게 말해서 민주적이라는 것은 곧 다수결이었다. 새로 가입한 주가 자유주가 되겠다고 신청하면, 노예주 세력은 국회에서 자유주 세력에 밀릴까 봐 반대했고, 그 반대의 경우도 마찬가지였다.

상황이 이렇다 보니 남부 주의 어느 상원 의원이 국회에서 이런 말을 했다. "서로에 대한 증오와 다툼으로 연방의 평화와 번영을 깨트리는 것보다, 남북을 나누어 평화와 우호적인 관계를 계속 이어나가는 편이 나을 것입니다." 이 말을 다르게 표현하자면 이런 것이다. 남북으로 나뉜다고 해서 미국인이라는 정체성이 훼손되는 것은 아니다. 너는 자유로운 미국의 길을 가고 우리는 노예들과 함께 생활하는 길을 가는 것뿐이다.

이래도 되는 걸까? 되는지 안 되는지 링컨에게 먼저 물어보자. 링컨은 역사상 흑인 노예를 해방시킨 인물로 유명하다. 그런데 사실 링컨은 흑인 노예를 반대하는 것보다 연방 정부의 분열을 막으려는 마음이 훨씬 더 컸다.

북부 자유주 출신인 링컨은 수차례 노예제를 비판하면서 새로 연방에 가입하는 주에서도 노예제 폐지 물결이 확산되기를 바랐다. 하지만 링컨은 노예 제도가 남아 있는 기존 주에 대해서는 간섭할 권한이 연방 정부에게 없다는 점을 인정했다.

간단히 말하면 이렇게 비유할 수 있다. 어느 반에서 반장인 링컨 본인은 노예 제도를 반대하고 새로 온 전학생도 노예제를 반대하기를 바라지만, 원래 있던 학생들은 자기들 마음대로 하게 내버려두는 것이다.

그런데 링컨 반장도 이런 방식에 문제가 있다는 점을 알고 있었다. 그래서 그는 이렇게 말했다. "분열된 집은 오래 버틸 수 없습니다. 나는 정부가 절반은 노예주, 절반은 자유주인 상황을 용인할 수 없을 거라 확신합니다."

만약 기존 학생들이 노예 제도를 고집한다는 이유로 반에서 인정받지 못하고 억압을 받아 다른 반으로 옮기거나 전학을 가고 싶어 한다면, 당신은 괜찮을지 몰라도 반장은 안 된다고 생각하는 것이다.

링컨의 신념과 생각은 수많은 연설과 토론회에서 충분히 드러났다.

1860년 링컨은 쉰다섯 살의 나이에 제16대 미국 대통령으로 당선되었다. 그가 선거에서 승리할 수 있었던 것은 주로 북부 자유주와 새로 연방에 가입한 서부 주들의 지지 덕분이었다. 남부의 15개 노예주 중 10개 주에서는 링컨에게 단 한 표도 던지지 않았다.

남부의 주들은 링컨이 당선되자 불안하고 초조해했다. 링컨의 주장이 향후 연방 정부에서 자신들의 권익에 심각한 영향을 줄 거라고 생각했기 때문이다. 링컨이 대통령으로 당선되고 한 달이 지났을 때 사우스캐롤라이나 주에서 가장 먼저 연방 정부 탈퇴를 선언했다. 그리고 두 달 후 여섯 개 주가 연이어 연방을 탈퇴했다.

이때 링컨이 감정에 호소하며 말했다. "지금까지 저는 여러분들에게 노예 제도를 폐지하라고 요구한 적이 없습니다. 떠나지 말아 주십시오!"

남부 주들: "우리에게 노예 제도를 폐지하라고 한 적은 없지만, 새로 가입하는 주는 노예 제도를 폐지하길 바라지 않는가! 우리는 연방에서 소수파가 되어 당신들 다수파에게 휘둘릴 생각이 없다! 다같이 연방을 탈퇴하자!"

링컨: "가지 말라고 했습니다! 그래도 나가야겠다면 싸우는 수밖에 없습니다."

이렇게 해서 링컨이 대통령이 된 지 5개월 만에 남북전쟁(1861~1865년)이 일어났다. 이 전쟁의 목적은 연방을 탈퇴한 주가 다시 연방으로 합류하게 만드는 것이었다.

링컨은 단순하게 연방이 통일되면 다 좋다고 생각하는 사람이었다. 그에게 흑인 노예를 해방시키고 말고는 부차적인 문제였다. 링컨은 1862년 신문에 투고해 자신의 생각을 설명한 바 있다. "이번 투쟁의 가장 큰 목표는 노예 제도를 살리거나 없애는 것이 아니라 연방을 구하는 것입니다. 만약 노예들을 해방시켜 연방을 구할 수 있다면 저는 기꺼이 그렇게 할 것입니다."

나는 느리게 갔지만 뒤로 물러난 적은 한 번도 없다

세상 만물에는 사랑이 깃들어 있고 인생은 무상하다. 운명은 그물 같아서 사람이 뚫고 나오거나 도망칠 수 없게 만든다. 링컨의 미간은 수백 년간 찌푸려져 있었는데, 그가 미국이 공인하는 가장 위대한 대통령이라는 말은 과연 사실보다 과장된 것일까?

#독학의 위대함

중화민국에서 대통령을 선출한 이래로 당선자들은 누구보다 학력이 다 높았다. 그런데 링컨은 초등학교를 다닌 기간만 해도 다 합쳐서 1년이 채 되지 않았다. 그럼에도 불구하고 그는 독학으로 힘들게 공부해서 국회의원이 되었고, 변호사로 일하다 미국 대통령으로 당선되었다. 강연자와 글쓰기 고수로도 활동했다. 그는 단어 272개를 사용해 3분짜리 연설을 완성했는데, 이는 현재 미국 역사상 가장 많이 인용되고 거의 경전으로 일컬어지는 게티즈버그 연설Gettysburg Address이 되었다. 우리에게 익숙한 '국민의, 국민에 의한, 국민을 위한Of the people, By the people, For the people'이 바로 이 연설에서 등장한 표현이다.

#미미한 일들의 위대함

링컨은 가난한 집안 출신이었지만 꿈을 포기한 적이 없었다. "내가 지금은 아무도NOBODY 아닐지 몰라도 노력하면 언젠가는 누군가 SOMEBODY가 될 것이다." 링컨은 어려서부터 농사일을 시작으로 잡화점 직원, 목수, 우체부, 측량원 등 언뜻 보기에 사회적으로 지위가 높지 않은 직업에 종사했다. 하지만 링컨은 모든 직업을 통해 배울 수 있는 점을 최대한 익혔다. 우체부로 편지를 전해주는 일을 하면서 지역 주민들을 더 잘 이해하고 사람들이 요구하는 바가 무엇인지 파악할 수 있었다. 신문 배달 일을 하면서 시사를 배우고 세상 물정을 이해했으며, 측량원 일을 통해 개척자들의 세계에 눈을 떴다. 새로운 이민자들이 끊임없이 들어오면서 농장은 경계를 확정해야 했고 교통로는 현장 조사가 필요했다. 덕분에 링컨은 미국 서부 개척 시대를 더 잘 이해하게 되었다. 링컨은 평범한 일에서 배운 것들을 앞으로 자신을 성장시켜 줄 자양분으로 삼았다.

#확고한 신념의 위대함

링컨이 대통령으로 당선되자마자 미국은 분열되고 남북 전쟁이 일어났다. 남북 전쟁은 미국 역사상 가장 참혹한 전쟁이었다. 이런 어려운 상황에서도 링컨은 자신의 신념을 포기하지 않았고 굴복하거나 절망하지도 않았다. 연방의 통일과 분열, 노예 제도의 존폐 문제 앞에서 링컨은 끊임없이 소통하고 두 진영을 화해시키려고 노력했다. 입장이 다른 사람들과 두루 관계를 맺어 가능한 모든 수단을 활용하며 본인이 속한 공동체의 몸집을 불렸다.

그는 최대한 단결을 이끌어내기 위해서 노예 제도를 전면 폐지하는 위대한 여정에 들어섰다. 노예의 해방은 남부 주의 노예들이 너도나도 자유를 찾아 도망치는 결과를 낳았다. 남부 경제에 큰 타격이 된 것은 물론이고, 도망친 노예들은 북부 연방 군대에 합류했다. 남북 전쟁에서 흑인 약 20만 명이 전투에 가담해 링컨의 든든한 지원군이 되었다.

세상에는 영원히 옳은 가치들이 있다. 그런데 우리가 과연 링컨처럼 거대한 반대의 목소리를 무릅쓰면서 흔들림 없는 용기로 판단하고 선택할 수 있을까? 용기란 두려워하지 않는 것이 아니라 두려워하면서도 기꺼이 짊어지는 것이다.

맺는말

정치 무대에서 욕심을 내면 안 되지만, 오랫동안 정치에 물이 들다 보면 더러운 현실을 또렷하게 목도할 때가 있다.

링컨은 완벽한 사람이 아니었다. 그에게는 정신병이 있어서 오랫동안 정서적으로 불안했다. 또 그는 신성한 인권주의자도 아니었다. 링컨이 노예를 해방시킨 것은 정치적인 이익을 고려해서 내린 결정이었다. 그런데 그는 역사적으로 중요한 순간에 생을 마감했다. 남부가 투항한 지 닷새 후, 전쟁이 끝난 기쁨을 만끽하려던 차에 불의의

습격으로 사망한 것이다.

　일상의 자질구레한 정무로 평범하게 바쁠 틈도 없었고, 시끄럽고 혼란스러운 정치 공방전에 휘말릴 여유도 없었다. 링컨은 노예 제도 폐지를 선언하고 국가를 통일하는 전쟁을 완수한 뒤 그렇게 세상을 떠났다. 어쩌면 링컨의 실제 모습은 우리가 생각하는 것처럼 그렇게 위대하지 않을지도 모르지만, 좋은 것을 누릴 시기에 링컨은 갑작스럽게 원치 않는 퇴장을 하게 되었다. 하지만 그가 남긴 정치적인 모습은 흐릿하긴 해도 딱 알맞게 성숙하고 부드러웠다.

11

터키의 잘생긴 국민 아버지
– 무스타파 케말 아타튀르크(Mustafa Kemal Atatürk)

타이완의 국부國父 쑨중산孫中山(쑨원)은 민국 초기에 미남 순위 상위권에 들었다고 전해진다. 민국 초기 4대 미남 중에 으뜸으로 유명했다는 이야기도 있다. 외모라는 것은 사람마다 보는 시각이 다르게 마련이니까. 쑨중산이 객관적으로 잘생겼는지 아닌지에 대해서는 차치하고 좀 더 현실적인 이야기를 해 보겠다. 타이완에서 그의 지명도가 갈수록 떨어지고 있다는 것이다.

일찍이 삼민주의三民主義라고 불리는 쑨중산의 사상은 전문대학교 이상의 교육 기관에서 필수로 가르치는 과목이었다. 그런데 2000년도 대학 연합고사에 삼민주의가 빠지면서 "국부가 누구인가?"라는 질문은 대답하기 어려운 문제가 되었다. 몇 년 전 나는 국부가 누구인지 한 학생에게 질문하면서 성이 '쑨孫'씨라고 힌트를 주었다. 그러

케말

자 학생이 곧바로 외쳤다. "쑨셰즈孫協志요." 그렇다. 당시 타이완에서 가장 인기 있는 아이돌 그룹이 5566이었던 것이다. 학생들이 역사 수업 전에 무슨 이야기를 주고받았는지는 모르겠지만, 나도 잠시나마 추억에 잠겨 역사를 가르치는 고충을 잊을 수 있었다.

다른 곳은 몰라도 터키에서만큼은 이런 역사 '치매' 상황이 절대 일어나지 않는다고 장담할 수 있다. 터키는 터키인들의 국부를 숭배하는 것으로 유명한데, 전 국민의 우상이라고 해도 과언이 아닐 정도다. 예전에 터키를 여행했을 때 도처에서 터키 국부의 조각상과 깃발을 볼 수 있었다. 터키 국기와 생김새도 비슷한 이 깃발은 터키 도심에서 흔히 볼 수 있는 풍경이 되었다. 터키 국부와 관련된 소품들도 곳곳에서 보였다. 열쇠고리, 포스트잇, 마그네틱, 모자 등 국부 '굿즈GOODS'는 기념품 판매점에서 쉽게 찾아볼 수 있다. 요즘 타이완에서 쑨중산의 열쇠고리를 사려면 어디로 가야 살 수 있을까? 상점 열 군데를 돌아도 하나같이 처음 듣는 질문이라고 할 게 뻔하다.

그런데 터키에서는 관광로 어디를 가더라도 머리부터 발끝까지 터키 국부의 모든 시리즈 상품을 수집할 수 있다.

이토록 전 국민의 사랑을 받는 터키 국부는 대체 누구일까? 그는 바로 무스타파 케말 아타튀르크Mustafa Kemal Atatürk다. 아타튀르크Atatürk라는 성은 태어날 때부터 이어받은 것이 아니다. 터키어 'Ata(아타)'는 아버지라는 뜻으로, 'Atatürk(아타튀르크)'는 곧 '터키인들의 아버지'(a.k.a.국민 아버지)라는 의미가 된다. 이는 1934년에 터키 국회 동의를 거쳐 케말에게 특별히 주어진 영예라고 할 수 있다.

터키를 상징하는 남자

이 터키 남자가 대체 무슨 일을 한 것일까?

현대 터키 공화국의 전신은 그 이름도 유명한 오스만 튀르크 제국이다. 역사상 유럽, 아시아, 아프리카 3대주를 가로지르는 대제국을 건설한 마지막 제국 말이다. 가장 강성했던 17세기에 오스만 제국의 총 면적은 약 550만 제곱킬로미터였다. 세 개 주가 만나는 교통 요충지이자 동서양 문명이 만나는 지역으로 당시 엄청난 영향력을 과시하던 초특급 제국이었다.

그런데 산업혁명 이후 유럽이 부상하면서 열강들 사이에 위치한 오스만 제국은 끊임없이 외부의 공격에 시달렸다. 영국, 프랑스, 러시아, 오스트리아, 이탈리아는 지속적으로 압력을 행사하며 오스만 제국의 영토를 빼앗고 여기저기로 분열시켰다.

불행히도 제1차 세계대전 때 오스만 제국은 동맹국으로 줄을 잘못 서서 패전국이 되었다. 영토는 있는 대로 다 잃었다. 태양빵에는 태양이 없고 사자머리獅子頭(중국의 돼지고기 완자 요리-역주)에는 사자가 없지만 오스만 튀르크에는 튀르크만 남았다. 오스만 제국에서 약 78만 제곱킬로미터 면적의 터키 본체만 남게 된 것이다. 제1차 세계대전의 처참한 패배를 겪으며 오스만 제국은 가장 강성했던 시기에 비해 국토의 85센트가 줄어들었다. 당시 오스만 제국은 보잘 것 없는 나라 취급을 받았고, 서양 식민지 개척자들에게 '서아시아 환자', '근동近東 환자'로 불리며 살아도 사는 게 아닌 것 같은 절망적인 상태에 빠졌다.

가장 절망적인 시기는 가장 영웅이 필요한 시기이기도 하다. 제1차 세계대전 시기에 오스만 제국이 유일하게 빛나던 순간은 케말 대령이 지휘한 갈리폴리 전투Battle of Gallipoli였다.

당시 연합국은 갈리폴리 반도에 상륙해서 오스만 제국의 수도 이스탄불을 곧장 차지하려고 했다. 규모가 컸던 이 전투는 제1차 세계대전에서 가장 대표적인 상륙작전이라고 할 수 있다. 당시 연합국이 제해권을 쥐고 있는 데다 상대는 전력이 거의 바닥 나 있는 오스만

갈리폴리 전투

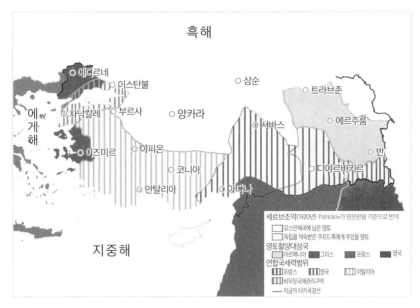

흑해

에게해

지중해

세르브조약(1920년) Patrickov가 영문판을 기준으로 번역
☐ 오스만제국에 남은 영토
☐ 독립을 약속받은 쿠르드족에게 주었을 영토
영토할양대상국
☐ 아르메니아 ▨ 그리스 ▨ 프랑스 ▨ 영국
연합국세력범위
▦ 프랑스 ▥ 영국 ▨ 이탈리아
▦ 비무장국제관리구역
— 지금의 터키국경선

'세브르 조약'으로 인한 유럽 정세

제국이라 누워서 떡 먹기만큼 쉬운 전투가 되리라고 대다수가 예상
했다.

그런데 백 년에 한 번 나올까 말까한 군사 기재 케말이 능수능란
한 지휘로 영국 해군을 성공적으로 격퇴시키며 연합국에게 패배를
안겼다. 무엇보다 오스만 제국에게는 제1차 세계대전 중에 값진 승
리를 선물했다.

제1차 세계대전이 끝나고 우리에게 가장 인상 깊은 장면은 파리
평화 회의에서 연합국이 독일에게 감당하기 힘든 '베르사유 조약
Treaty of Versailles'을 체결하게 한 것이다.

오스만 제국은 제1차 세계대전 패전국으로서 수치스러운 '세브르 조약Traité de Sèvres'을 체결해야 했다. 조약에서 오스만 제국에 요구한 내용은 다음과 같다.

1. 오스만 제국은 수도 이스탄불을 제외한 모든 유럽 영토와 소아시아 반도 서부 대지를 전부 그리스에 할양한다.

2. 오스만 제국은 근처 다르다넬스 해협Dardanelles Str.과 보스포루스 해협Bosphorus Str. 이 두 지역을 비군사 지역으로 한다. 하지만 연합국은 이 지역의 군사 행동권을 가지며 지역 내 해운, 등대 관리, 항로 안내 등을 책임진다. 오스만 제국은 아무 권한이 없다.

3. 오스만 제국은 징병제를 폐지해야 하며 전국 병력은 4만 5천 명을 초과해서는 안 된다. 중화기重火器, 공군, 해군은 물론이고 대형 상선도 소유할 수 없다.

이 밖에 연합국의 뜻대로 조약을 이행하지 않는 경우 수도 이스탄불이 점령당한다는 내용도 포함되어 있다. 만약 상기 조약 내용을 다 읽었는데도 잘 이해가 되지 않는다면 간단하게 두 글자로 설명할 수 있다. '폭망'

모든 조약 규정은 오스만 제국 세력을 철저하게 약화시키고 거대한 영토를 할양하게 만들며 통치권과 군사권을 빼앗는 내용들이다. 이를 통해 오스만 제국을 재기불능 상태로 만들어 더는 유럽 각국에 위협이 되지 않도록 만들려는 것이다. 조약은 오스만 제국의 존엄성을 모욕하는 내용들로 채워져 있었다.

등장이 조금 늦었을지는 몰라도 케말이 자리를 비운 적은 단 한 번도 없었다. 아직 터키의 국민 아버지가 되기 전이던 케말이 다시 나서서 대국민회의를 이끌었다. 대국민회의는 '세브르 조약'이 오스만 제국민의 이익과 주권을 심각하게 훼손한다며 조약을 받아들일 수 없다는 입장을 표명했다.

케말은 자신의 군사적 재능과 정치가로서의 천부적인 자질을 발휘했다. 소아시아 지역으로 건너간 그는 '자연 미남'의 거부할 수 없는 매력과 쇼 호스트에 버금가는 화술로 현지인들을 설득해 자신의 군대로 끌어들여 엄격하게 훈련시켰다. 그리고 그리스가 점령했던 영토를 되찾고 연합군을 상대로 승리를 거두었다.

1922년 케말은 압도적인 승리를 거두며 소아시아 지역 전쟁을 완전히 제패했다. 연합국은 '세브르 조약' 폐기에 동의하고 터키의 국가 존엄성을 회복시키는 '로잔 조약Treaty of Lausanne'을 체결했다.

우리 같이 평범한 사람들은 생각의 크기가 욕조만 하다면, 케말은 망망대해를 만들어낼 수 있는 사람이었던 것이다.

새로 계약을 체결한 이 협상은 터키인들이 이루어질 거라고는 꿈에도 생각지 못한 일이었다. 파리 평화 회의에서 전승국은 패전국에게 온갖 불이익을 주었기 때문이다. 아무리 치욕적이고 불공정한 조약 내용이라도 패전국들은 피눈물을 삼키며 사인할 수밖에 없었다. 그런데 터키만은 케말이 활로를 열어준 덕분에 영광을 회복하고 자존심을 되찾는 새로운 조약을 체결한 것이다.

이러니 케말이 멋지지 않을 수 있겠는가? 국가가 가장 쇠약하고 국민들의 자존심이 짓밟혔을 때에도 그는 국가에 실망하지도 않았고 구국救國을 포기하겠다는 생각을 한 적도 없었다. 케말은 깊은 절망에 빠져 있던 터키인들을 이끌고 터키를 점령했던 열강들을 수차례 격퇴했다. 또 불공평하고 부정의한 외세의 압박에 용감하게 맞서 잃어버린 영토와 국가의 존엄성을 성공적으로 회복하며 튀르크 민족의 긍지를 되찾아주었다.

케말은 현대 터키 공화국 성립 10주년 기념일에 전 국민을 대상으로 한 유명한 연설에서 "터키에서 터키인인 우리가 큰소리로 이렇게 말할 수 있기를 바랍니다. '나는 터키인이다'라고 말하는 것은 얼마나 행복한 일인가!"라는 말을 남겼다.

"Ne mutlu Türküm diyene!('나는 터키인이다'라고 말하는 것은 얼마나 행복한 일인가!)" 문장도 아름답고 글자 하나하나에서 빛이 나는 것 같지 않은가! 터키의 어느 곳에 가도 볼 수 있는 이 문구는 터키 사람들에게 계속해서 상기시켜 준다. "나는 터키인인 내가 자랑스럽다!"터키 사람들이 생각하는 멋짐이라는 것이 따로 있는 셈이다.

내가 터키인이라면 어떻게 국민 아버지 케말을 사랑하지 않을 수 있겠는가? 국가가 발전하는 과정에서 모든 일이 순조로운 '인생의 승리자'란 없다. 케말은 추락하던 터키를 받아 멈추지 않고 앞장서서 싸우며 생존을 도모했다. 아버지의 모습이란 바로 이런 것이 아니겠는가! 케말은 터키 국민들이 안심하고 그의 뒤를 따라 성장하며 날아오르게 만든 것이다.

12

눈빛을 보니 당신은 낭만적인 사람이었어!
– 19세기 낭만주의

17세기에 뉴턴은 과학 혁명 시대를 집대성한 천재다. 오늘날 중고등학생들에게 물리학과 화학이라는 끝없는 고통을 안겨준 것 말고도 뉴턴의 가장 눈부신 업적은 우주 전체를 수학 공식으로 변화시켰다는 점이다. 뉴턴은 만유인력의 법칙과 3대 운동 법칙을 통해 우주 규칙을 찾아내어 마치 모든 사물의 변화를 수학 방정식으로 예측할 수 있을 것처럼 만들었다.

이 얼마나 신기하고 놀라운 일인가!

영국 시인 알렉산더 포프Alexander Pope는 다음과 같이 감탄하며 뉴턴을 칭송했다. "자연과 자연의 법칙이 밤의 어둔 밤 속에 감춰져 있었다. 신께서 '뉴턴아 있으라' 말씀하시니, 모든 것이 빛이 되었다." (Nature and Nature' law lay hid in night; God said, "Let Newton be," and

알렉산더 포프

all was light.)

　이 이성의 빛은 18세기 계몽 운동까지 이어졌다.

　자연 과학계에서 규칙을 찾아 공식으로 만들어 인간이 모든 것을

예측하고 계산할 수 있게 만들었다면, 사회 과학계에서도 이와 비슷

한 방식으로 인류 사회가 작동하는 메커니즘이 있다는 것을 밝혀낼 수 있을 것이다. 우리가 그 작동 원리를 알아내기만 하면 모듈을 만들어 미래 발전 추세를 장악할 수 있게 되는 것이다.

그래서 정치학자, 경제학자, 사회학자, 예술가, 귀족들은 '살롱'에서 커피를 마시며 옳고 그름에 대해 이야기했다. 그들은 온 인류에게 적용되는 원칙과 가치를 찾아내어 현존하는 사회 문제를 해결할 수 있다고 믿었다.

당신도 그렇게 믿는가? 그런데 19세기 낭만주의를 신봉하던 사람들은 그렇지 않았다.

낭만주의자인 내게 한계란 없다!

17, 18세기 사람들은 이성을 중시했다. 우주의 규칙을 찾아내고 인생을 속속들이 들여다 볼 수 있다면, 모든 것을 정교하게 계산하고 세심하게 고려하며 세상을 온전히 이해할 수 있을 거라고 생각했다.

그런데 19세기 낭만주의자들은 어떻게든 삶의 속박에서 벗어나려고 애썼고, 열렬히 사랑하며 진이 빠지도록 미워했다. 그들은 "지금의 나에게 한계란 없다!"라는 생각을 가지고 있었다. 또 끈 떨어진 연이나 변심한 여자 친구처럼 돌아오지 않아도 상관없다는 듯 감정을 자유롭게 내버려두었다. 적어도 날아오르기 위해서 온 힘을 다

살롱에서 커피를 마시며 잘잘못을 이야기하던 귀족들

쏟아보았기 때문이다.

　내가 세상과 다르면 그냥 나를 다른 채로 내버려두자는 것이 낭만주의의 고집이었다. 낭만주의는 '나'를 유일무이한 존재로 여겼다. "나는 나의 행복과 즐거움을 마음에 품을 수 있고, 나의 두려움과 불안을 기꺼이 받아들인다. 당신에게 당신의 기쁨이 있고 나는 나의 슬픔을 누릴 수 있다는 점을 인정한다."라는 것이 낭만주의자들의 생각이었다.

　이들에게는 영원히 사라지지 않는 것도, 지켜야하는 규칙 같은 것도 없다. 자신은 미쳐도 되고 인생에 반기를 들어도 괜찮다고 여겼다.

　이처럼 항상 통제 불능이던 낭만주의는 작품 속에서 열정과 자유의 빛을 강렬하게 내뿜었다.

바이런(Lord Byron, 1788~1824년)

> Here's a sigh to those who love me
>
> And a smile to those who
>
> And whatever sky's above me
>
> Here's a heart for every fate.
>
> 나를 사랑하는 이들에게는 한숨으로 보답하고,
>
> 나를 미워하는 이들에게는 웃음으로 넘기리라.
>
> 하늘이 어떤 운명을 내리든
>
> 내 마음은 이미 준비되어 있으니.

바이런은 영국을 대표하는 유명한 낭만주의 시인이다. 귀족 가문 출신인 그는 열 살 때 작위를 물려받았다. 얼굴도 잘생기고 집안도 좋았던 그는 젊었을 때 고삐 풀린 망아지처럼 방탕하게 생활했다. 담배와 술을 입에 달고 살았고, 만나는 여자들도 매번 바뀌었다.

자유분방함의 끝이라고 해도 과언이 아닌 삶이었지만, 하필 그에게는 선천적인 절름발이라는 결함이 있었다. 바이런은 승마와 수영을 열심히 연습하면서 자신의 선천적인 결함을 덮을 수 있기를 바랐다.

하지만 낭만주의 문학가로서 감수성이 예민했던 그는 시종일관 스스로를 비운의 인물로 여겼다. 바이런은 절름발이라는 이유로 평생 자기 연민의 감정에 빠져 살았다.

바이런

바이런의 열등감은 사랑과 자유에 대한 갈구로 변모했다.

이로 인해 그는 이성이든 동성이든 가리지 않고 만나는 난봉꾼이 되었다. 문란한 연애사로 끊임없이 염문설을 낳던 바이런은 당시 영국 사교계에서 가장 자주 입에 오르내리는 가십의 주인공이었다.

결혼 후에도 바이런은 예전 모습 그대로였다. 그는 진정한 사랑을 추구하고 싶었을 뿐이었겠지만, 바이런의 아내가 보기에는 그냥 바람피우는 쓰레기 남편이었다. 바이런은 자식이 태어났는데도 제 버릇을 고치지 못하고 여전히 망나니짓을 하며 돌아다녔다. 딸이 태어난 지 만 한 달이 되었을 때, 바이런의 아내는 딸과 함께 짐 싸들고 친정으로 돌아가 이혼 신청서를 제출하기로 결심했다.

바이런이 손이 발이 되도록 싹싹 빌었지만 아내는 이미 마음을 굳힌 상태였다. 바이런이 바람을 피운 상대 중에는 그의 이복 여동생도 있었으니, 여자로서 어떻게 이런 일을 참을 수 있었겠는가!

바이런이 외도뿐만 아니라 근친상간을 한 사실이 전해지자 순식간에 여론이 들끓었다. 이렇게까지 도덕성이 땅에 떨어진 사건이 주변에서 일어났다는 걸 알고, 자칭 정의의 사도들이 나서서 분노를 터트리며 싸우기 시작했다. 바이런은 격분한 영국 시민들의 공세를 받았다.

하지만 바이런은 여론의 뭇매에도 끄떡하지 않고 곧이곧대로 이렇게 말했다. "영국이 나를 이해할 수 없다면, 영국도 나를 담을 만한 그릇이 되지 않는 것이다."

잘 있어라, 영국!

바이런이 영국을 떠날 때 그의 수많은 정인들이 아쉬워하며 뜨거운 하룻밤으로 마지막을 함께 하기 위해 줄을 섰다고 전해진다.

바이런은 미련 없이 영국에 있는 모든 것을 포기하고 유럽 대륙으로 건너가 예전대로 세상을 하찮게 여기며 냉소적인 삶을 살았다.

알바니아(Albania) 복장 차림의
바이런

　그런데 이번 '가출'은 그를 감정이 풍부한 난봉꾼에서 자유 투사로 변화시켰다. 발칸 반도에 도착한 그는 당시 민족 해방과 독립을 쟁취하기 위해 전쟁을 벌이던 각국의 열정을 보며 깊은 감동을 받았다. 국가 권력에 저항하기 위해서 모두가 물불 안 가리고 뛰어드는 모습은 자유를 향한 그의 열정에 불을 지폈다. 바이런은 사비를 털어 그리스가 함대를 사도록 도와주고, 그리스 해방군에 들어가 이렇게 외쳤다. "오스만 제국을 격파하자!" 하지만 안타깝게도 시인은 군인이 아니었다. 바이런은 전쟁터에 서 보지도 못하고 지독한 감기에 걸려 그만 병사하고 말았다.

　칼과 검을 휘두르지는 못했지만, 그래도 시인은 시인인지라 바이런은 〈그리스의 섬들The Isles of Greece〉이라는 시를 쓰면서 고대 그리스가 페르시아 제국의 침략에 용맹하게 저항했던 역사를 회고하며, 그리스인들이 자유와 독립을 위해 싸우도록 격려했다. 그의 시는 전장에서 길이 칭송될 정도로 심금을 울리는 짙은 호소력이 있었다. 그리스인들에게 바이런은 그리스가 오스만 제국을 상대로 승리를 거둘 수 있게 도와준 중요한 일원이었을 것이다.

영국 사회는 바이런의 지나치게 방종했던 그의 연애사를 용인하지 않았지만, 그리스 정부는 자유를 노래하던 바이런의 행동과 열정에 깊이 감사하며 그를 위해 성대한 국장國葬을 치러주었다.

The Isles of Greece(일부 발췌)

The mountains look on Marathon

And Marathon looks on the sea;

And musing there an hour alone,

I dream'd that Greece might yet be free

For, standing on the Persians' grave,

I could not deem myself a slave.

길게 이어진 산들은 마라톤을 바라보고

마라톤은 망망한 바다를 바라보네.

나는 홀로 그곳에서 한 시간 동안 명상하며

변함없이 즐겁고 자유로운 그리스를 갈망하네.

내가 페르시아 무덤 위에 섰을 때

노예인 내 모습을 상상할 수 없기에.

괴테(Johann Wolfgang von Goethe, 1749~1832년)

Solche Frage zu erwidern

Fand ich wohl den rechten Sinn,

Fühlst du nicht an meinen Liedern,

Daß ich Eins und doppelt bin?

나는 이미 정답을 찾은 지도 모른다네.

이 문제에 대한 대답을.

그대는 내 시에서 느껴지지 않는가

내가 나이면서 또 그대와 나라는 것을.

독일 함부르크에 본사를 두고 유럽에서 발행부수가 가장 많은 신문 〈빌트Bild〉에서 2011년 "역사상 가장 위대한 독일인은 누구인가?"라는 조사를 진행했다. 그때 다재다능한 작가 괴테가 수많은 독일 국민들의 지지를 받으며 당당히 1위를 차지했다. 물리학자 아인슈타인은 괴테의 뒤를 이어 2위에 머물렀다.

괴테는 소위 '금수저 집안'에서 태어났다. 아버지는 법학 박사 학위를 두 개나 소지한 유능한 변호사 겸 신성 로마 제국 의원이었고,

괴테

어머니는 프랑크푸르트 시장의 금지옥엽 첫째 딸이었다. 집안 배경
이 좋았던 괴테는 아무런 근심 걱정 없이 생활하며 관직에 오르는
것, 연애, 글쓰기 이 세 가지 일에만 몰두했다.

관료가 되려고 한 것은 부모님의 기대 때문이었다. 괴테는 아버지
가 시키는 대로 따르며 법률 연구의 길에 들어섰고, 학업을 마친 후
에는 관료의 삶을 시작했다. 괴테는 추밀대신樞密大臣으로 임명되어
군사, 수리水利, 전국의 재정 등 주요 업무를 관리했다. 가장 높게는
국정 운영 경험이 풍부한 고급 공무원인 바이마르 공국 수상의 자리
까지 올랐다.

공무로 바쁜 와중에도 괴테는 새로운 여인들 사이를 오가며 연애를 쉬지 않았다.

어떠한 조짐이나 이유도 없이 괴테는 항상 사랑해서는 안 되는 사람을 사랑했다. 모든 연애의 시작과 끝은 괴테에게 풍부한 창작의 영감을 주었고 글쓰기의 원동력이 되었다.

연애로 인한 혼란스러운 감정과 정신적인 자극은 괴테가 작품을 쓰는 데 최고의 자양분이 되었다. 괴테는 평생 시 2,500여 편, 극본 80여 편, 장편소설 5편을 남겼는데, 그중 가장 잘 알려진 작품은 그를 단숨에 베스트셀러 작가로 등극시킨 《젊은 베르테르의 슬픔The Sorrows of Young Werther》이다.

《젊은 베르테르의 슬픔》의 주인공은 이상으로 가득 찬 루저loser 베르테르다. 포부는 있지만 집이나 차는 고사하고 저축해둔 돈도 없었다. 베르테르는 부잣집 딸인 샤를로테Charlotte를 사랑하게 되지만, 그녀의 아버지는 이미 집과 차는 물론이고 한도 없는 블랙 카드까지 있는 귀족 청년과 딸을 약혼시켜둔 상태였다.

베르테르는 샤를로테를 깊이 사랑하게 될수록 비극으로 치달았다. 그녀를 갈망하지만 얻을 수 없는 고통이 베르테르를 괴롭혔다. 결국 베르테르는 샤를로테에 대한 집착을 억지로 내려놓으며 마음속의 번뇌를 잊으려고 노력했다. 연애는 뜻대로 되지 않아도 직장에서는 마음먹은 대로 일이 술술 풀릴 수도 있으니까 말이다.

베르테르는 모든 것을 기꺼이 쏟아 부으며 열심히 노력했지만, 현실 세계는 모질게 그를 쥐고 흔들었다. 아무리 능력이 있어도 전통적인 귀족 세력에는 비할 바가 아니었다. 자신의 이상을 향해 용감하게 걸어 나가도 거대한 현실의 벽에 부딪쳐 피를 철철 흘리면서 호된 대가를 치러야 했다.

마침내 사회의 잔혹함을 깨달은 베르테르는 총알 하나로 영원히 스스로를 해방시켰다.

소설 《젊은 베르테르의 슬픔》의 줄거리는 상당 부분 괴테 본인의 연애 경험에서 비롯되었다. 괴테는 최고법원에서 실습하던 기간에 약혼자가 있는 여자를 사랑하게 되었다. 그는 누군가를 제대로 사랑할 기회를 포기하고 상대방이 다른 사람과 행복하게 사는 모습을 가슴 아파하며 지켜보았다. 이런 모든 기억들이 괴테에게 씻을 수 없는 상처를 남겼고, 한 달 만에 그는 슬프고 분한 마음을 창작의 원동력으로 승화시켜 자전적인 소설을 빠르게 써 내려갔다. 당시 괴테의 나이는 겨우 스물다섯이었다.

우리는 이번 생에 누군가로 인해서 가슴이 찢어질 듯한 슬픈 이야기는 일어나지 않을 거라고 생각한다. 그리고 우리가 이야기의 주인공이 되어서야 그런 슬픔이 있다는 것을 깨닫는데, 괴테도 그러했던 것이다.

《젊은 베르테르의 슬픔》은 세상에 나오자마자 불티나게 팔리면서 열띤 논쟁을 불러 일으켰다. 프랑스 제국의 최고 통수권자 나폴레옹은 이 책을 일곱 번이나 읽으며 잠시도 손에서 놓지 않았다고 밝힌 바 있다. 《젊은 베르테르의 슬픔》은 단순히 실연에 관한 이야기가 아니라 그 안에서 우리 스스로를 찾을 수 있는 이야기다. 마음

베르테르와 샤를로테

이 아플 정도로 너무 재미있기 때문에 나만 보고 말 수 없어서 빠르게 퍼져나간 것이다.

베르테르도 죽음으로써 괴로움을 안기는 사랑을 끊어냈으니 나도 총알 한 방으로 스스로를 자유롭게 해 보자…. 수많은 청년 학자들은 《젊은 베르테르의 슬픔》을 읽고 베르테르의 심정에 공감하며 권총을 집어 들었다. 그러고는 파란색 연미복에 노란색 긴바지를 입은 베르테르처럼 분장하고 그를 따라 스스로 목숨을 끊었다.

책 한 권으로 사회에 자살 붐이 일어나자 당시 유럽의 보수적인 일부 지역에서는 이 책의 출판을 금지하기도 했다. 사랑에 관한 소설이 이토록 엄청난 공감을 불러일으키리라고는 소설을 쓴 장본인 괴테도 전혀 생각지 못했으리라.

PART TWO

세상에 지나치게
아름다워 보이는 필터를 씌우면
우리의 생각을 제한하게 된다

13

입맛대로 골라 먹는 '인권'?
– '분리하지만 평등'한 인종 차별 정책

사람들은 역사를 배울 때 교과서에 장절로 나뉘어 있어서 과거 시대를 단락으로 완전하게 나눌 수 있다고 생각한다. 예를 들면 14세기는 르네상스 시대이고, 15세기에 대항해 시대가 시작되었으며 16세기에 종교 개혁이 일어났다고 보는 것이다.

이렇게 생각하게 된 데에는 두 가지 이유가 있다. 첫째, 시간이 현실 세계에서 연속된다는 점을 간과해서다. 1399년 12월 31일에 지구상의 모든 인류가 새해를 앞두고 술을 잔뜩 마셔서 다음 날 과거에 있었던 일을 하나도 기억하지 못하게 되는 것은 불가능하다. 1400년 1월 1일까지 자다 일어나서 지도 한 장 들고 새로운 항로를 찾아 탐험을 떠나는 일은 있을 수 없는 것이다.

우리는 모두 과거의 기억을 지닌 채 현재 무슨 일을 해야 하는지 생각한다. 변화하는 시간 속에서 우리는 시도와 실수를 반복하고, 가끔은 멈추어 서기도 했다가 조심스럽게 미래를 향해 나아간다.

둘째, 역사적 사건들이 지역에 따라 다르게 발전한다는 점을 간과했기 때문이다. 유럽 전체를 놓고 보았을 때 14세기가 꼭 르네상스가 일어난 절대적인 시기는 아니다. 이탈리아 작가 단테가 《신곡》을 쓸 때 이탈리아 사람이 러시아 사람에게 "르네상스 시대가 왔다!"라고 말한다고 치자. 당시 몽골의 지배를 받고 있던 러시아 사람들은 어이없는 표정으로 이렇게 대꾸할 것이다. "르네상스가 뭐? 이탈리아 너네나 르네상스지 유럽이 다 르네상스인 줄 알아!"

이탈리아 사람인 레오나르도 다 빈치도 150년 후에 태어나지 않았는가?

역사 교과서는 편폭의 제한이 있어서 핵심 내용만 골라 전달할 수밖에 없다. 역사는 어느 한 계절에서 다른 계절로 바뀌는 것처럼 서서히 변화하고 발전하며, 지역마다 느끼는 체감온도도 다르다.

서론이 길었는데, 내가 하고 싶은 이야기는 역사 교과서에서 쉽게 발생하는 아름다운 오해에 대한 것이다.

"링컨 대통령의 지도력에 힘입어 미국 북부는 마침내 승리를 거두었고 흑인 노예는 완전히 해방되었다."

이런 서술은 1865년 남북전쟁이 끝난 후 흑인 노예가 해방되었고, 만인 평등과 세계 평화가 실현되었다고 잘못 이해하게 만든다.

실제로 남북전쟁 후 미국에서 수정 헌법 제13조가 통과되었다. "노예 제도와 강제 노역은 미합중국과 합중국 관할을 받는 어떠한

뮤지컬 <점프 짐 크로> 속 흑인 이미지,
'짐 크로'라는 단어의 유래일 것이다

장소에도 존재할 수 없다."

　1868년에는 시민권 보호 내용을 보충하기 위해 헌법 제14조를 수정했다. "합중국에서 태어났거나 합중국 및 그 관할 지역에 귀화한 모든 사람은 합중국 및 거주하는 주州의 시민이다. 어떠한 주도 합중국 시민의 특권이나 면책권을 제한하는 법률을 제정하거나 시행할 수 없다. 정당한 법률 절차를 거치지 아니하고는 어떠한 사람에게도 생명, 자유 또는 재산을 빼앗을 수 없다. 주 관할 범위 내에 있는 어떠한 사람에 대해서도 법률에 의한 평등한 보호를 거부할 수 없다."

　역시 미국은 전 세계 민주주의의 첨병이라 할 만하다. 모든 인간은 평등하게 창조되었다. 생명, 자유, 행복 추구권은 박탈당할 수 없다. 이는 굳이 설명하지 않아도 자명한 진리다. 독립 선언서에 적힌 건국 정신을 헌법으로 다시 한 번 강조한 것일까? 그런데 사실 이 것은 그렇게 단순하게 생각할 일이 아니다. 남부 각 주에서는 이렇게 받아들였다. "그래, 좋아! 노예제 폐지할 수 있어. 근데 우리는 날 때부터 다른 사람들이라고."

그래서 남부에서는 각 주州마다 흑인 관리에 관한 법안을 발표했다. 역사에서는 이렇게 흑인과 백인을 분리하는 법령을 '짐 크로 법Jim Crow laws'이라고 통칭한다.

이 법이 옳고 그른지 살피기 위해 간단하게 몇 가지 예를 들어보겠다.

메릴랜드 주: 모든 철도 회사, 모든 자동차, 버스, 철도 운송 시스템은 여행 또는 운송의 편의를 위해 백인과 유색 인종이 분리된 차량을 제공해야 한다.

플로리다 주: 모든 흑인과 백인, 또는 백인과 4대(代) 이내에 흑인 혈통이 있는 사람 사이의 결혼은 영구적으로 금지된다.

조지아 주: 백인 아마추어 농구팀이 흑인 프로 농구팀에게 예약된 장소 두 블록 이내에서 농구하는 것, 흑인 프로 농구팀이 백인 프로 농구팀 장소 두 블록 이내에서 농구하는 것 모두 위법이다.

앨라배마 주: 한 도시 안에서 백인과 유색 인종이 같은 식당에서 식

사하는 것은 위법이다. 식당에 높이 약 2미터가 넘는 가림막을 세워 공간을 완전히 분리하거나, 단독으로 입구가 마련되어 있는 경우는 예외로 한다.

미시시피 주: 모든 인쇄, 출판, 유통 또는 공공연하게 사회 평등이나 인종 간 결혼과 관련된 내용을 지지하는 정보, 논거, 제안은 유죄이 며, 500달러 이상의 벌금 또는 6개월 이상의 징역에 처하거나 벌금형 과 징역형 둘 다에 처할 수 있다.

이런 법률은 헌법에 위배되지 않을까?

1892년 8분의 1 정도 흑인 혈통을 가진 호머 플레시Homer A.Plessy 라는 남자가 일부러 백인 전용 기차를 탔다가 체포되는 사건이 있 었다. 그가 열차를 잘못 탔다는 것이 이유였다. 유색 인종은 유색 인종 열차를 탈 수밖에 없었다.

이 사건은 존 하워드 퍼거슨John Howard Ferguson 법관이 심리했다. 퍼거슨은 철도 회사는 주州법에 따라 백인과 유색 인종을 분리할 권 리가 있고, 위법 행위를 한 플레시는 벌금 25달러를 지불하라고 판 결했다. 플레시는 생각할수록 부당하다 싶어 연방 최고법원에 상소 했다. 그의 변호사는 수정 헌법 제14조에 명시된 평등한 보호에 반 하는 판결이라고 강력하게 주장했다.

하지만 연방 최고법원은 판결문에 이렇게 적었다. "백인과 유색 인종을 분리한 것이 헌법에 위배된다고 생각하지 않으며, 분리가 불

평등을 의미하지는 않는다. 백인에게 전용 좌석이 있듯이 흑인에게도 전용 좌석이 있다. 원고의 항변은 열등감에서 비롯된 것에 지나지 않는다." 본인의 혈통을 명확히 인지하고 열차 칸에 표시된 마크를 확인해서 제대로 맞게 앉으면 아무 문제없지 않느냐는 것이다.

이는 흑인 민권 역사상 가장 악명 높은 '플레시 대 퍼거슨 판결Plessy V Ferguson'이다.

이 판결에 등장한 "분리하지만 평등하다(separate but equal)"라는 표현은 최고의 구실이 되었다. 최고법원이 뒤에서 힘을 실어주자 20세기 중엽 미국 남부에 있는 교회, 학교, 도서관, 매표소, 영화관, 음수기, 탈의실, 숙박업소, 공원, 거주 지역, 대중교통수단, 심지어 낚시하는 강가에서조차도 인종 분리 정책을 실시했다.

분리하지만 평등하다? 분리하는데 진정한 평등이 있을 수 있을까?

린다 브라운Linda Brown이라는 여덟 살 흑인 소녀는 날마다 다섯 번이나 길을 건너 주차장을 가로질렀다. 그 후로도 1.6킬로미터를 더 걸어가야 버스 정류장에 도착할 수 있었고, 버스로 도시 반대쪽 끝에 위치한 흑인 전용 학교로 등교했다. 그녀의 아버지는 린다가 가까운 곳에 입학하기를 바랐다. 린다의 집 바로 옆에 백인 초등학교가 있었기 때문이다. 작지만 합리적인 그의 이런 바람은 인종 분리 법률을 이유로 현지 교육 당국에게 거절당했다.

미국 역사상 최초로 흑인 국무 장관을 지낸 콜린 파월Colin Luther Powell은 1957년을 회상하며 이렇게 말했다. "급한 업무로 백인 장교

두 명과 함께 밤새 차를 운전하며 간 적이 있었다. 잠시 쉬려고 주유소에 들렀는데 화장실이 남자, 여자, 유색 인종이 사용하는 칸으로 나뉘어 있었다. 나는 유색 인종이 사용하는 화장실을 쓸 수밖에 없었다. 흑인이 무슨 남녀 구분도 없이 시대를 뛰어넘은 존재가 된 것 같았다."

미국의 유명 대법관 얼 워런Earl Warren은 임기 내에 "분리하지만 평등하다"라는 원칙을 부결시켰다. 그는 당시 인종 분리 현황을 제대로 파악하기 위해서 남부 각 주를 직접 방문해 시찰했다. 어느 날 밤 얼 워런이 작은 마을에 도착해서 백인 전용 모텔에 들어가 체크인을 하자 흑인 운전기사가 자리를 떴다. 흑인 모텔에 묵으려나 보다 생각했는데 다음날 보니 기사가 차에서 자고 있는 것이 아닌가! 당시 미국은 한겨울이었는데, 기사는 차에서 히터도 안 틀고 자고 있었던 것이다.

기사에게 이유를 물었더니, 흑인이 묵을 수 있는 숙소는 차로 몇 시간 운전해서 가야하기 때문에 갔다 오면 날이 밝을까 봐 그랬다고 대답했다. 히터를 안 틀었던 것은 히터가 기름을 많이 먹는데 근처에는 백인 주유소뿐이고, 흑인 주유소도 차로 몇 시간 떨어진 곳에 있어서 차라리 안 가는 게 나았다는 설명이었다.

"분리하지만 평등하다"라는 말 자체에는 이미 크나큰 오류가 있다. 이해하기 싫어서 만나기를 꺼리는 것인데 사실은 만나지 않으니까 이해할 수 없는 것이다. 분리는 평등을 가져올 수 없다. 분리는 더 큰 오해와 배척을 낳을 뿐이다.

1940년 노스캐롤라이나 주의 유색 인종 대합실

그녀가 앉아서 우리는 일어났다

당시 로자 파크스Rosa Parks의 나이는 마흔 둘이었다.

앨라배마 주 몽고메리Montgomery시의 '짐 크로 법' 규정에 따라 버스에는 백인과 유색 인종 좌석이 분리되어 있었다. 버스 앞쪽 네 줄은 백인이 앉는 좌석이고, '유색 인종'은 뒤쪽 좌석에 앉았다. 백인 좌석이 다 차면 흑인이 백인에게 자리를 양보해야 한다는 규정도 있었다.

그런데 몽고메리라는 작은 도시는 주로 흑인들이 거주하는 지역이라 버스 승객의 80퍼센트 정도가 흑인이었다. 버스 앞쪽에는 백인들이 드문드문 앉아 있고, 뒤편은 흑인 승객들로 자리가 꽉 차 있는 광경을 자주 볼 수 있었다.

로자 파크스

어느 날 로자 파크스는 평소처럼 집에 가려고 버스를 탔다. 시간이 지나 백인 자리가 다 찼는데도 승차하는 백인들이 생겼다. 그러자 버스 기사가 로자 파크스에게 다가가 자리를 양보하라고 요구했다.

양보했을까?

로자 파크스는 계속 자리에 앉아 있었다.

기사가 말했다. "계속 그렇게 버티고 앉아 있으면 경찰에 신고할거요!"

그러자 로자 파크스가 대답했다. "해요! 신고하라고요!"

결국 로자 파크스는 경찰에 체포되었고, 이틀 후 열린 재판에서 그녀는 현지 인종 분리 규정 위반과 사회 질서 교란을 이유로 유죄 판결을 받고 벌금 10달러를 지불했다.

그녀는 1992년 자서전에서 이렇게 언급했다. "사람들은 내가 피곤

해서 자리를 양보하지 않았다고 말했지만 그것은 사실이 아니었다. 나는 몸이 피곤하지도 않았고 하루 종일 일을 해서 전보다 더 지쳐 있는 상태도 아니었다. 사람들은 내가 노년일 때의 사진을 가지고 있었지만, 당시 나는 노인이 아니었다. 겨우 마흔 둘이었으니까…. 내가 지쳤던 이유는 굴복해야 하는 이런 현실에 대한 염증, 단지 그것뿐이었다."

오랫동안 이어진 이런 굴복에 모두가 염증을 느꼈다. "로자 파크스가 우리를 위해 자리에 앉았다면 우리는 용감하게 일어서서 그녀를 응원하자"는 움직임이 시작되었다.

자리에 앉아 있던 그녀의 행동이 몽고메리 버스 보이콧Montgomery Bus Boycott이라는 인종 분리 반대 물결을 불러올 줄은 누구도 예상하지 못했다. 몽고메리 버스를 타던 통근족 3만여 명이 하나같이 똘똘 뭉쳐서 가능하면 걸어 다니거나 카풀로 출퇴근했고, 흑인 택시기사들도 버스 요금과 같은 가격으로 사람들을 태워주었다.

이 몽고메리 버스 보이콧 운동을 앞장서서 이끈 사람이 바로 우리에게 익숙한 마틴 루터 킹Martin Luther King Jr. 목사다.

그는 몽고메리 버스 보이콧 투쟁으로 이름을 알리며 흑인 민권 운동의 대변인이자 지도자가 되었다.

1963년 마틴 루터 킹 목사는 워싱턴 D.C.에 있는 링컨 기념관 앞에서 25만 명이 지켜보는 가운데 "나에게는 꿈이 있습니다(I have a dream)."라는 유명한 연설을 했다.

1964년 이 민권 운동의 힘이 마침내 미국 국회를 움직이면서《민권법》이 통과되었다. "모든 국민은 완전하고 평등한 권리를 누린다. 이 법이 정의한 각종 상품, 서비스, 설비, 특권, 모든 공공장소에 있는 시설은 인종, 피부색, 종교 또는 국적으로 차별받거나 분리되지 아니 한다."

흑인은 하루아침에 해방된 것이 아니었다. 남북전쟁이 끝난 후 민권법이 통과되기까지 백 년에 걸쳐 여러 차례 투쟁과 좌절을 겪었고 마침내 법적으로 공평과 정의를 손에 넣을 수 있었던 것이다.

현실적으로는 언제 공평이 실현되었을까? 다들 알다시피 2008년 오바마가 미국 역사상 최초의 흑인 대통령으로 선출되었을 때이다.

'인권'은 인류라는 동물의 선천적인 본능은 아닌 것이 분명하다. 역사상 수많은 기득권자들은 뷔페에 온 것처럼 인권의 가치를 자신의 입맛대로 골라 먹었다. 누구나 차별 없이 대한다는 것은 말처럼 그리 쉬운 일이 아니다. 타이완에서도 동성결혼을 허용하기까지 얼마나 오랜 시간 다툼이 있었는가?

진보한 가치, 숭고한 이상일수록 하루아침에 실현되기란 불가능하다. 하지만 시대는 진보하고 사람의 생각은 변화한다는 사실을 믿어야 한다. 다만 얼마나 오랜 시간이 걸리는지 모를 뿐이다.

그 전에 우리에게는 조금씩 버텨내고 조금은 반항하며 타협하지 않는 자세가 필요하다. 이 세상은 한순간에 좋아지지 않지만 우리의 '행동'으로 분명 더 좋아질 것이다.

연설하는 마틴 루터 킹

14

전쟁하지 않았다면 탄생하지 않았을 발명들
– 제1차 세계대전 편

두 차례에 걸친 세계대전은 지구상의 일부 사람들이 다른 편에 선 사람들을 때려 부수기 위해 온갖 방법을 궁리한 결과다. 서로 다른 정치적 이익과 경제적 필요 때문에 발톱을 치켜세운 군사적 투쟁은 전례 없는 사상자와 물질적인 손실을 야기했다.

좀 더 효과적으로 적을 없애기 위해서 1, 2차 세계대전 때 인류 과학기술 문명의 대약진이 있었다는 점도 이야기하지 않을 수 없다. 이 시기에는 더 편리하고 병사들이 전쟁터에 더 잘 적응할 수 있도록 도와줄 수 있는 새로운 발명들이 대거 등장했다.

수많은 목숨을 앗아간 참혹한 전쟁의 이면에는 세상 사람들에게 위로가 되고 유산으로 남은 각양각색의 '혁신'들이 있었다. 마치 수성水星 역행(수성 역행은 점성술에서 길흉으로 해석되는데, 특히 서양에서는 이를 불길한 징조로 여겨 이 시기에는 중요한 결정을 피한다고 한다-역주)이하는 일마다 꼬이고 운이 나빠 보이게 만드는 징조처럼 보여도, 우주가 우리에게 깊이 생각하고 다시 새로운 것을 발명하게 만드는 때이기도 하듯이 말이다.

실제로 전쟁이 없었다면 세상에 빛을 보지 못했을 발명들이 있는데, 제1차 세계대전부터 이야기해보겠다.

시작은 참호전부터

1914년부터 1918년까지 이어진 제1차 세계대전은 본질적으로 유럽 전쟁이었다. 주로 유럽 열강들이 식민지를 빼앗기 위해 오랫동안 경쟁한 것인데, 다양한 원한들이 얽히고설키면서 피비린내 나는 전쟁으로 발전했다. 아무도 복종하지 않는 상황에서 누가 유럽의 대장이 될 것인가? 이 문제를 두고 서로 열을 내다가 마침내 여러 나라가 참여하는 세계대전이 일어나고 말았다.

제1차 세계대전은 크게 독일과 오스트리아가 러시아와 대치한 동부 전선, 영국과 프랑스가 독일과 대치한 서부 전선으로 나눌 수 있다. 제1차 세계대전 당시 동부 전선의 러시아는 겉보기에는 대단하고 무서워 보여도 사실은 별 볼일 없는 상대였다. 감당할 수 없는 일은 저지르지 않는 것이 상책인 법! 1917년 당시 러시아 국민들은 두 차례 혁명을 통해 정부에 묵직하게 자신들의 뜻을 전하며 전선

을 이탈했다. 전쟁에서 발을 뺀 것이다.

이제 동부 전선은 신경 쓸 필요가 없게 되었다. 이어서 화면에 들어온 서부 전선은 그야말로 피비린내 나는 참혹한 현장이다. 서부 전선을 묘사한 것으로 유명한 소설《서부 전선 이상 없다Im Westen nichts Neues》의 작가 에리히 마리아 레마르크Erich Maria Remarque는 열여덟 살에 제1차 세계대전에 참전해 목숨이 위태로울 정도로 심각한 부상을 당했다. 그는 죽을 고비를 넘긴 자신의 경험을 바탕으로 전선의 실상을 적나라하게 묘사한 반^半 자전적 소설을 써내었다. 글자마다 피눈물이 서린 듯한 이 소설은 발표된 후 전 세계를 뒤흔들었고, 58개 언어로 번역되면서 세계에서 가장 유명한 반전反戰 소설이 되었다.

서부 전선이 특히나 악명 높은 이유는 무엇일까? 전쟁이 시작되고 몇 개월 동안 독일군은 지속적으로 맹공을 퍼부었고 영국과 프랑스는 힘을 합쳐 독일군의 진격을 잠시나마 막아내었다. 연이은 전투로 극심한 피로를 느낀 양측은 각자 참호를 파기에 이르렀다. 수비와 엄호를 강화할 수 있는 고정 진지를 만들어 숨 돌릴 공간을 마련한 것이다. 그리고 금세 스위스 국경선부터 벨기에 북부에 있는 바다까지 죽 이어지는 600여 킬로미터 길이의 전선戰線에 엄폐물과 철조망이 가득한 참호가 등장했다.

병사들은 대부분의 시간을 참호에서 보냈는데, 참호 위로 휙휙 지나가는 총탄 소리나 공중을 가로지르는 요란한 포탄 소리가 귓가에 늘 맴돌았다. 가끔 대규모 참호전이 벌어져 지뢰가 터지기라도 하면 주위에 있던 모든 것들이 가루가 되고 시신이 여기저기 흩날렸다. 대치 상황이 장기화되면서 병사들은 참호에서 사계절을 보냈다. 겨울에 내리는 눈과 여름 폭우를 견디며 굶주림을 참아내는 것은 물론이고, 쥐, 파리, 이, 벼룩과 함께 지내면서 누구보다도 강하게 생존의 의지를 다졌다.

생지옥을 방불케 하는 참호전에서 벗어나기 위해 인류는 필사적으로 싸웠다. 수많은 신무기와 발명품을 개발한 것은 오로지 태양을 볼 수 없는 참호에서 벗어나기 위함이었다.

기관총

1883년 영국인 하이럼 맥심Hiram Maxim은 사람이 장전할 필요 없는 완전 자동식 기관총을 발명했는데, 역사에서는 이를 '맥심 기관총'으로 부른다. 처음 발명되었을 때에는 마땅한 용도를 찾지 못해 오랫동안 창고 신세를 면치 못하다가, 제1차 세계대전 서부 전선 참호전에 이르러 중요한 방어 무기가 되었다. 대거 공격해 오는 적에 맞서 중기관총 수 정挺을 배치해 미친 듯이 총탄을 쏘아대기만 하면 멀쩡히 살아 있던 사람도 맥없이 쓰러져 숨을 거두었다. 맥심 기관총은 제1차 세계대전 동안 공격군에게 악몽 같은 존재가 되었고, '위도우 메이커Widow maker(과부 제조기)', '그림 리퍼Grim Reaper(사신[死神] 수확기)'와 같은 별명을 얻기도 했다.

1916년 7월 1일 솜 전투Battle of the Somme 첫날은 영국 육군 역사상 가장 많은 사상자가 발생한 날이자 맥심 기관총이 이름값을 톡톡히 해내며 가장 풍성한 전과를 올린 날이기도 했다. 당시 독일군은 1분당 총탄 600발을 발사할 수 있는 맥심 중기관총 MG08 개량 버전을 갖추고 있었다. 솜 강 전선에 배치된 MG08 240정이 난사한 총탄에 맞아 불과 하루만에 6만 명에 가까운 영국군이 전사했고, 이로써 솜 전투는 제1차 세계대전 동안 가장 많은 사망자가 발생한 전투로 기록되었다. 그 후로 각국 군대에서는 잇달아 맥심 중기관총을 구비했고, 기존에 있는 것을 바탕으로 개발된 여러 실용적인 기관총들은 오늘날 전장에서 기본적으로 갖추는 무기가 되었다.

탱크

뛰는 놈 위에 나는 놈이 있는 법인데 맥심 기관총이 어떻게 무기

랭킹에서 홀로 독야청청할 수 있겠는가? 독일의 사나운 기관총 군단을 제압하고 빗발치는 총탄에도 용감하게 전진해 무인지대(NO MAN'S LAND)를 뛰어넘어 적의 방어선을 뚫는 것, '지상전의 왕'으로 불리는 탱크는 바로 이러한 역사적 배경 속에서 탄생했다. 방호할 수 있는 장갑과 화포를 장착하고 무한궤도 트랙터를 이용한 제1세대 탱크가 기관총 파괴자로서 정식으로 전장에 등장할 준비를 하고 있었다.

솜 전투에서 피비린내 나게 싸우는 동안 영국이 만든 첫 번째 탱크 부대가 비밀리에 모습을 드러내었다. 독일군이 미처 발견하기도 전에 탱크 32대가 갑자기 독일군 진지로 돌진했다. 그런데 전진하는 과정에서 다섯 대가 솜 강 진창에 빠져 꼼짝도 못하게 되었고, 나머지 아홉 대는 기계 고장으로 작동이 안 되어 길가에 방치할 수밖에 없었다.

성능이 좀 떨어지기는 했지만 절반 정도 남은 탱크로도 독일군의

방어선을 돌파하는 데 성공했다. 움직임이 둔하긴 해도 나름 쓸모가 있었던 모양이다. 겉보기에도 그렇고 실제로 작동할 때도 굼뜨던 커다란 물탱크 같은 것이 독일군을 식겁하게 만든 것이다. 한 번도 본 적 없는 전장의 괴물체를 마주한 독일군은 얌전히 물러나 진지를 지켰고, 상대가 생각지도 못한 방법으로 승리를 거둔 영국은 성공적으로 참호전의 교착 상태를 깨트렸다.

솔직히 말해서 탱크는 설계 단계부터 큰 문제가 있었는데, 일부러 사람을 괴롭히기 위해 만든 것처럼 조종 시스템이 어려웠던 것이다. 최초로 탱크를 운전한 조종사는 총 여덟 명으로, 다 같이 힘을 합쳐야 탱크를 완전히 제어할 수 있었다. 방음이 형편없어서 어떻게 운전을 해도 탱크 내부가 요란하게 울렸다. 시끄러운 소음 때문에 조종사는 손잡이로 있는 힘껏 보닛을 쳐야만 다른 조종사의 주의를 끌 수 있었다. 상대방이 이쪽을 쳐다본 뒤에도 두 사람은 수신호로 소통해야만 원만하게 작전을 수행할 수 있었다.

하지만 이렇게 굼뜨고 둔했던 탱크는 제1차 세계대전 때 등장한 뒤로 지금까지 발전을 거듭해왔다. 지금은 기동성과 살상력이 우수해져 거의 모든 지형에서 빠른 속도로 전진하고 적진으로 깊숙이 침투할 수 있게 되었다. 세계 군사 강국들은 깨부수거나 예측할 수 없는 탱크를 개발하는 데 열중하며 투자를 아끼지 않고 있다.

독가스
참호전으로 공격진이 열세에 놓이면서 좀 더 극단적인 공격 전술

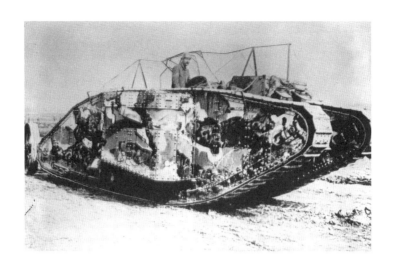

이 탄생했다. 1915년 4월 벨기에 이프르Ypres 방어선에서 독일군은 프랑스에 염소Chlorine 가스 공격을 개시했다. 당시 독일군 진지에서는 황록색 연기가 피어올랐고, 몇 분 뒤 바람을 타고 건너간 독가스는 연합국 진지를 뒤덮었다.

이는 인류 역사상 최초로 화학 무기를 사용한 대규모 공격이었다. 처음에는 매콤하고 씁쓸한 냄새가 난다고만 생각했던 프랑스 병사들은 곧이어 마라 휘귀 베이스를 목구멍에 들이부은 것 같은 통증을 느끼며 괴로워했다. 모든 병사들이 숨도 제대로 쉬지 못했고, 눈이 떠지지 않을 정도로 퉁퉁 부었으며 목구멍은 불타오르는 것 같았다. 독일군은 미리 준비해 둔 간이 방독면을 쓰고 방어선을 침투해 곧장 프랑스군 진영으로 들어갔다.

이번 독가스 공격으로 프랑스 군 1만여 명이 중독되었고, 이중

약 5천 명이 목숨을 잃었다. 병사뿐만 아니라 군마와 쥐들도 몰살되었다. 교전 중이던 쌍방 모두 무차별 독가스 공격을 겪으며 화학 무기의 위력을 뼈저리게 실감했다.

레마르크의 《서부 전선 이상 없다》를 보면 이런 내용이 나온다. "독가스는 땅 위를 기다가 움푹 파인 모든 구멍으로 깊숙이 들어간다. 마치 흐물거리는 거대한 해파리처럼 둥둥 떠다니다가 우리가 있는 포탄 구멍 안으로 들어온다…. 가스에 중독된 부상병은 저러다 죽겠다 싶을 정도로 하루 종일 기침을 하는데, 기침할 때마다 각혈을 한다."

제1차 세계대전이 끝나기 전에 양측은 번갈아가며 독가스를 살포했다. 새로운 '맛'의 신제품을 개발하면 즉시 상대방을 실험 대상으로 삼았다. 공식 데이터에 따르면 제1차 세계대전 동안 화학 무기로 목숨을 잃은 사망자 수는 최소 8만 5천 명 이상이다. 수많은 사상자를 발생시킬 뿐만 아니라 비인도적이라는 이유로 1925년 140개국은 전쟁에서 질식성, 독성 또는 기타 가스를 사용하지 않는다는 제네바 의정서에 동의하고 서명했다.

하지만 다들 알다시피 의정서에 서명했다고 해서 반드시 지킨다는 보장은 없다. 제1차 세계대전 이후 독가스의 발전은 타이완의 역사와도 어느 정도 관련이 있다. 1930년 타이완 우서霧社에서 봉기가 발생하자 일본은 산간 지대에 독가스를 살포해 원주민의 반항을 진압했다. 이 사건으로 당시 대만민중당台灣民眾黨은 독가스를 사용해 우서 원주민을 학살한 일본에 항의하는 목소리를 내어 국제사회의 주목을 끌었다. 타이완 원주민의 생존 문제가 이슈로 떠오르면서 세계 각국은 일본 정부를 향해 비난을 쏟아내었다. 결국 일본 내각은 이번정책理蕃政策(타이완 원주민에 대한 정책) 검토에 들어갔으며, 타이완 총독은 이 사건에 대한 책임을 지고 자리에서 물러났다.

트렌치코트

겨울비가 내리는 시기가 되면 참호에서 지내는 병사들의 생활은 훨씬 더 고달파졌다. 보통 양털 코트는 물을 흡수하면 차갑고 무거워져서 입고 있으면 체온을 급속히 떨어트렸다. 눈보라가 치는 날이면 공격은 고사하고 체온 저하만으로도 수많은 병사들이 목숨을 잃을 수 있었다.

가볍고 방수, 방풍, 보온 기능을 갖춘 참호용 트렌치코트trench coat(트렌치는 참호라는 뜻이다)를 제작하기 위해 영국군은 몇몇 의류업체에 의뢰했다. 당시 병사들의 요구에 맞춰 새로운 스타일을 선보인 제작자들 중 토머스 버버리Tomas Burberry라는 사람이 가장 유명했는데, 그가 바로 세계적인 패션 브랜드 버버리Burberry의 창시자다.

토머스 버버리는 개버딘GABARDINE이라는 새로운 옷감을 찾아내었다. 이 원단은 촘촘해서 방수도 되고 바람도 잘 통했다. 토머스는 병사들이 전쟁을 할 때 무엇이 필요할지 고려해서 세심하게 디자인에 반영했다. 외투에 단추를 두 줄로 디자인했는데, 격렬한 전투 중에 단추가 쉽게 떨어질 수 있어서 여분을 마련해둔 것이다. 옷깃 끝부분에 있는 동제銅制 단추는 옷깃을 세워 고정해서 찬바람을 막아

목을 따뜻하게 하기 위한 용도였다. 옷깃 뒷부분에는 따로 천이 덧대어 있었는데, 앞쪽으로 힘껏 당겨 고정하면 목을 보호할 수 있고, 방독면과 함께 사용하면 독가스에 닿아 다치는 걸 막을 수 있었다. 외투 바깥에 있는 D자형 금속 고리는 칼을 차고 다니는 병사를 위해 디자인된 것이었다. 어깨 견장은 훈장을 걸거나 망원경 또는 수통을 묶어 고정할 수 있었다.

참호전은 인류가 더 많고 더 강하며 더 무서운 무기를 발명하도록 이끌었을 뿐만 아니라 패션 쪽으로도 크게 기여했다. 지금 보기에는 패션의 일부로 보이는 부분들이 알고 보면 당시 선조들이 전쟁할 때 필요했던 실용적인 디자인이었던 것이다.

전쟁은 국가와 국가가 승리를 쟁취하기 위해 온갖 수단을 동원하게 만들면서 결과적으로는 과학 기술의 발전과 진보를 이끌었다. 두 차례에 걸친 세계대전은 인류 군사 기술이 가장 급속도로 발전한 시기였다. 이는 우연이 아닌 필연이라고밖에 말할 수 없다. 아무리 별볼 일 없어 보이는 디자인이나 새로운 발명이라도 얼마든지 전쟁의 결과를 다시 쓸 수 있는 것이다. 참호에서 패션쇼 무대에 오르기까지, 군용 외투에서 패션 아이템이 되기까지 백 년 동안 이 세상은 천지가 뒤집힐 정도의 거대한 변화를 겪었다. 이어서 제2차 세계대전은 또 어떻게 우리의 삶을 변화시켰는지 살펴보자.

SERVICE SAFEGUARDS

"That Defy the Wildest Weather"

Designed by Burberrys and made in exclusive Weave-Proof materials, they Provide a dry and comfortable defence against driving rain, sleet or snow. Give effective security without the aid of any heat-condensing agent—such as rubber or oiled-silk—that would make them injurious to health and comfort. Exclude biting wind and are luxuriously warming. Strong and durable, withstand the roughest usage.

The Tielocken

Doubly covers every vulnerable part of the body, providing the most efficient and comfortable safeguard yet invented. Fastens without buttons.

The Burberry

Thousands of Officers prefer world-famous weatherproof to all other coats, because " The Burberry ensures comfort and security in every kind of weather."

Officers' Complete Kits in 2 to 4 Days or Ready for Use.

Illustrated Naval or Military Catalogues Post Free.

Burberry Trench-Warm

Combines the services of three coats in one garment, A WEATHERPROOF that keeps out any rain that an oilskin will; a smart Camel Fleece BRITISH WARM; and a staunch TRENCH-WARM that provides warmth and comfort on the bitterest day.

MOUFFLON

The fleece of the Corsican mountain sheep, famed for its warmth-giving, lightweight properties. A perfect pelt for Military use.

TRENCH AND BRITISH-WARMS. Lined Moufflon Fleece.

Burberrys hold an immense stock of Fur Coats for Motoring, Aviation, Military and Civilian wear.

BURBERRYS Haymarket LONDON

8 & 10 Boul. Malesherbes PARIS; Basingstoke, also Provincial Agents

버버리의 군용 외투 광고

15

전쟁하지 않았다면 탄생하지 않았을 발명들
– 제2차 세계대전 편

우리는 "인류가 역사에서 배운 유일한 교훈은 바로 역사에서 교훈을 배울 수가 없다는 것이다."라는 말을 자주 한다. 제1차 세계대전에서 인류는 서로 물고 뜯으며 치열하게 싸웠다. 주요 참전국들은 승패를 떠나 모두 막대한 피해를 입었고, 주된 싸움터였던 유럽의 경제는 최소 십 년은 퇴보되었다.

이토록 참혹하고 생생한 역사를 겪은 후 우리는 불과 20년 만에 단체로 기억을 상실해버렸다. 뒤이어 터진 제2차 세계대전(1939~1945년)의 전장은 육지만이 아니었다. 4대양 5대주, 총 61개국 약 17억에 달하는 인구가 전쟁의 포화에 휩쓸린 것이다. 그야말로 현재까지 인류 역사상 가장 규모가 크고 가장 처참한 전쟁이라고 할 수 있다.

하지만 피해 범위가 넓을수록 새로운 것 역시 그만큼 더 많이 생겨났다. 제2차 세계대전이 불러일으킨 생존에 대한 열망은 우리가 사는 세상을 크게 바꾸어놓았다.

독일을 다시 위대하게

제1차 세계대전 후 전승국들은 패전국들과 여러 강화 조약을 체결했는데, 그중 독일과 체결한 '베르사유 조약^{Treaty of Versailles}'이 가장 유명하다.

제1차 세계대전은 유럽 열강이 너나 할 것 없이 힘겨루기를 하다 벌어졌기 때문에 유럽 주요 국가들에게 어느 정도는 다 책임이 있었다. 그런데 전쟁이 끝나면 승자 위주로 논의가 이루어졌고, 모든 국가들은 하나같이 독일에게 책임을 전가했다. '베르사유 조약' 내용을 간단하게 정리하자면 이러하다. "잘못을 저지른 독일이 책임을 져라. 제1차 세계대전에 잘못이 있다면 그건 다 독일 잘못이다. 독일은 망해야 한다. 영토 할양이든 배상금 지급이든 전부 다 독일이 감당해야 한다."

그런데 독일이 현실적으로 도저히 감당할 수 없는 요구 사항들도 있었다. 당시 독일이 지불해야 하는 배상액이 무려 1,320억 마르크였는데, 지금으로 따지면 약 4,500억 달러(한화 약 507조원)에 해당하는 금액이었다. 국내 경제가 이미 불안정한 상태에서 해마다 별도로 거액의 배상금까지 지급해야 했던 것이다. 설령 할부로 지급한다고 해도 독일 국민 전체가 수년간 허리띠를 졸라매며 힘들게 살아야 했기 때문에 일반 국민들은 자연히 인내심의 한계를 느낄 수밖에 없었다. 엎친 데 덮친 격으로 1929년 전 세계 경제 대공황이 발생하면서 세계 주식시장은 폭락하고 공장은 문을 닫았으며 실업률은 연일 치솟았다. 백년에 한 번 나올까말까 한 정치 및 경제적 비극 앞에 독일 정치인들은 어찌할 도리가 없다는 반응을 보였고, 국민들은 한숨 쉬며 지칠 때까지 욕을 퍼붓는 것 말고는 달리 할 수 있는 일이 없었다.

지나치게 일방적인 '베르사유 조약'이 독일을 사지로 몰아넣자 독일인 안에 있던 이리의 본성이 드러났다.

"이리가 고개를 돌린다면 은혜를 갚거나 복수를 하거나 둘 중 하나다." 제1차 세계대전 이후 독일에 가해진 무자비한 요구에 독일 국민들은 단체로 모욕과 분노를 느꼈고, 이성의 끈이 끊어지면서 피비린내 나는 전쟁도 한 치 앞으로 다가왔다.

우리에게 익숙한 미치광이 정치가 히틀러는 바로 이러한 상황에서 등장했다. 그가 이끌던 나치당은 "독일을 다시 위대하게."라는 구호를 내걸었다. 히틀러는 '베르사유 조약' 이행을 거부했다. 베르사유 조약? 그게 뭔데? 먹는 건가? 히틀러의 이러한 정치 태도는 수많은 독일 국민들의 자존심을 살려주었다.

히틀러는 모든 독일 가정의 식탁에 우유와 빵을 주고, 0세부터 100세까지 국민들을 국가가 먹여 살리겠다며 통 크게 약속했다. 사

람의 몸이라는 것은 정직해서, 배부르게 먹으면 마음도 따뜻해지고 누그러지는 법이었다. 덕분에 히틀러의 지지율은 나날이 높아졌다. 히틀러의 지휘 아래 나치당이 행한 인권 유린 행위를 일일이 다 열거할 수는 없지만, 그의 경기 부양 능력은 눈으로 확인되었다. 히틀러가 집권한 지 6년 만에 독일 실업률은 25.9퍼센트에서 1.9퍼센트로 대폭 낮아진 것이다.

통치의 단맛을 보고 자신감이 하늘을 찌르던 히틀러는 야심가로 변모하며 결국 돌아오지 못할 강을 건너고 말았다.

1919년, 유럽 열강이 파리에서 체결한 '베르사유 조약'

1939년 9월 1일 독일은 폴란드에 기습 공격을 감행하며 제2차 세계대전의 시작을 알렸다. 악전고투 끝에 미국은 1945년 8월 6일과 8월 9일에 일본 히로시마와 나가사키에 각각 원자폭탄을 투하했고, 이로써 제2차 세계대전은 막을 내렸다.

6년 동안 수많은 사상자가 발생하고 세계 각국이 승패를 가르기 위해 서로 경쟁하며 피를 흘리기는 했지만, 제2차 세계대전 시기에도 무기 개발과 각종 연구 분야에서 놀라운 발전이 있었다. 위협적인 무기뿐만 아니라 생활 밀착형 물품들이 탄생했는데, 제2차 세계

히틀러

대전 시기에 등장한 혁신적이고 흥미로운 발명들을 몇 가지 소개해 보도록 하겠다.

항공모함

제1차 세계대전 때 발명된 탱크가 '지상전의 왕'이라면, '해상전의 왕'은 단연 제2차 세계대전 시기에 발전한 항공모함이다. 항공모함은 인류 전쟁사상 가장 큰 무기 체계로, 오늘날 한 국가의 군사력을 가늠할 때 항공모함을 얼마나 보유하고 있는지를 주로 살펴본다. 항공모함 보유 대수를 보면 군사력뿐만 아니라 그 나라의 경제력이 어느 정도 되는지 판단할 수 있기 때문이다.

왜 그럴까? 항공모함에 대해 이야기하려면 우선 항공기 성능 향상에 대한 이야기부터 시작해야 한다.

제1차 세계대전 시기에 항공기는 전쟁의 주력 무기가 아니었다.

조종사의 업무는 공격을 개시할 때 적진 상공으로 가서 정찰하고 전체적인 상황을 파악한 뒤 전술 운용에 참고할 만한 사진 자료를 육군 부대에 제공하는 것이었다. 제1차 세계대전 후반부에 이르러서야 기관총과 폭탄을 잇달아 실어 나르며 공중전과 지상 폭격 임무를 수행할 수 있었다.

1914년에 시간당 80~115킬로미터였던 비행 속도가 4년 뒤 시간당 180~220킬로미터로 좋아지는 등 항공기의 성능이 향상되면서, 사거리도 길어지고 적재량도 크게 늘었다. 항공기는 공중에서 적군과 격추전을 벌이거나 지상 부대 호위 및 폭격 지원 업무를 수행할 수 있었다. 제2차 세계대전 시기에 항공기는 주력 무기가 되었고, 제공권制空權 확보 여부는 크고 작은 전투에서 승패를 좌우하는 중요한 요소 중 하나가 되었다.

타이완 초등학교 자연과학 수업에서 배우듯이 지구에서 바다는 70퍼센트, 육지는 30퍼센트를 차지한다. 항공모함이 실전에서 발휘하는 가장 큰 위력은 대량의 항공기를 싣고 다니며 전 세계 어디서든 자유롭게 이착륙을 할 수 있도록 도와준다는 점이다. 드넓은 바다에서도 머무를 수 있는 장소를 제공하기 때문에, 지구상의 모든 지역이 군대로 가득 찬 대형 플랫폼이 되는 것이다.

제2차 세계대전은 전쟁 범위가 넓었다. 항공기가 적군의 영공領空으로 날아가 폭격이나 공중전을 벌이려고 할 때, 비행 거리가 긴 탓에 기름이 많이 소모되었다. 연료 탱크도 한계가 있고 비행 항로도 제한적이라 전쟁 중에는 출발 지점과 복귀 지점을 면밀히 계산해야 했다. 그런데 항공모함은 이 모든 일을 탄력적으로 운용할 수 있도록 도와주었고, 이는 항공모함이 '움직이는 국토'라고 불리게 된 이유이기도 하다.

항공모함은 그저 단순한 모함母艦이나 군함이 아니라, 전쟁에 투입되는 모든 병과兵科를 지원하는 전략 무기다. 대량의 항공기를 탑재하고 각종 기종機種과 함께 다양한 비행단을 구성해 전투에 투입된다. 항공모함이 공격 받는 것을 방지하기 위해 그 주변으로 구축함, 순양함, 잠수함들을 배치한다. 안에서 밖으로 방어막을 겹겹이 둘러 항공모함이라는 중요한 군수 보급 기지를 보호하는 것이다. 육해공 3개 군종을 거의 다 지원할 수 있는 항공모함은 한 국가가 선보이는 호화로운 군사 패키지라고 할 수 있다.

실제 전장에서 파악된 데이터를 보면, 제2차 세계대전의 최대 승자로서 '캡틴 아메리카'라는 이름이 결코 헛된 명성이 아니었다는 것을 이해하게 될 것이다. 1941년 12월 7일 일본이 진주만Pearl Harbour을 기습하자 미국은 선전포고를 하고 제2차 세계대전에서 연합국 대열에 정식으로 가담했다.

1942년부터 계산해서 1945년 정식으로 항복을 선언하기까지 4년 동안 일본은 항공모함을 총 13척 건조했다. 그렇다면 미국은 몇 척을 만들었을까? 일본의 10배도 더 넘는 142척이다. 일본을 파묻을 정도로 많은 양의 달러가 생산라인에 투입된 것이다. 이처럼 어마어마한 거금을 들여 항공모함을 마치 만두 빚듯이 뚝딱 만들어내는 강한 적수를 상대로 했으니, 일본도 진 게 그리 억울하지는 않을 것 같다.

미국의 '움직이는 국토' 항공모함

핵무기

항공모함에 비해 이름을 듣자마자 벌벌 떨게 만드는 제2차 세계대전 군사 발명품은 역시 핵무기다. 현재까지 전 세계적으로 핵무기를 보유하고 있는 국가는 10개국이 채 되지 않는다.

이 치명적인 무기는 제2차 세계대전이 터진 후 개발된 것으로, 우리가 잘 알고 있듯이 일본에 떨어진 원자 폭탄 두 개가 바로 인류 역사상 유일하게 사용된 핵무기다.

처음에는 나치 독일이 먼저 비밀리에 핵무기 개발 계획인 '우라늄 계획'을 진행했다. 그런데 나치에 박해를 피해 미국으로 망명한 유대인 과학자들이 나치가 현재 핵무기를 개발 중이라고 미국에 알렸고, 절대 핵무기의 힘을 얕보아서는 안 된다고 경고했다. 물리학계의 '천재' 아인슈타인은 당시 미국의 루즈벨트 대통령에게 보낸 편지에서 핵 연쇄반응으로 발생하는 거대한 에너지를 무기로 만들면 가공할 만한 파괴력을 가지게 될 것이라고 언급했다. 또 적이 먼저 원자폭탄 개발에 성공한다면 미국은 끝장이니 개발을 선점해야 한다고 강조하면서, 물리학계가 즉각 핵 연구를 추진할 수 있도록 지원을 아끼지 말아달라고 부탁했다.

1942년 미국의 원자폭탄 제조계획인 '맨해튼 프로젝트Manhattan Project'가 정식으로 가동되고, 미국은 리처드 파인만Richard Feynman(양자 전기 역학 연구로 수상한 미국의 천재 물리학자-역주), 우젠슝吳健雄(중국계 미국인으로 아시아를 대표하는 세계적인 여성 과학자-역주) 등 물리학의 대가들을 포함해 수많은 정상급 물리학자들을 고용했다. 1945년 7월 16일 미국은 뉴멕시코 주 앨라고모도Alamogordo 부근 사막에서 첫 번째 원자폭탄 시험 폭발에 성공했다. 당시 독일과 이탈리아가 연합군에 항복을 한 상태에서 미국 트루먼 대통령은 하루라도 빨리 전쟁을 끝내기 위해 일본 영토에 원자폭탄을 투하하라는 명령을 내렸다. 8월 6일 히로시마에 투하된 첫 번째 원자폭탄으로 최소 9~16만 명, 8월 9일 나가사키에 투하된 두 번째 원자폭탄으로 약 6~8만 명이 목숨을 잃었다. 사무라이 정신으로 수년간 꾹 참고 견디며 전투를 해온 일본도 핵무기가 단기간에 가져온 엄청난 피해

1945년 8월 6일 일본 히로시마(좌)에 터진 원자폭탄,
1945년 8월 9일 일본 나가사키(우)에 터진 원자폭탄

를 감당할 수 없었다. 결국 8월 15일 일본은 연합군에 무조건 항복
을 선언했고, 이로써 제2차 세계대전은 막을 내렸다.

　히로시마에 투하된 원자폭탄의 총 무게 440킬로그램 중 우라
늄-235의 함량은 45킬로그램이었다. 이 45킬로그램중에서 불과 4킬
로그램만이 순조롭게 핵분열을 일으켰는데, 이 과정에서도 단 1그램
만 에너지로 전환되었다. 하지만 이 소량으로 원폭 지점에서 3킬로
미터 반경 이내에 있는 사람과 사물을 전멸시킬 수 있었다. 후에 아
인슈타인이 히로시마 원자 폭탄 투하 소식을 듣자마자 루즈벨트 대
통령에게 편지를 보내는 게 아니었다며 땅을 치고 후회한 이유를 알

만하다. 아, 편지 한 통이 이런 엄청난 비극을 가져올 줄이야!

도게 산키치(峠三吉)의 〈8월 6일〉(《원폭시집(原爆詩集)》에서 발췌)

내 어찌 그 섬광을 잊으리

순식간에 3만 명이 사라지고

쓰러진 어둠 아래

5만 명이 울부짖네

똥오줌 흘러넘치는 무기 공장 바닥에는

여학생들 시신이 누워 있네

배가 부풀어 오른 사람, 몸 절반이 내려앉은 사람, 머리카락 전부가

불타 없어진 사람

누구인지 분간할 수 없는 얼굴들이 태양을 향해 흩어져 떨어진 뒤

조금도 움직이질 않누나

악취가 가득한 가운데

양푼 위 파리들의 날갯짓 소리만 윙윙거리네

스산한 침묵 속에

사라져버린 30만 명을, 정적에 휩싸인 이 도시를

내 어찌 잊을 수 있으랴

제1차 세계대전부터 제2차 세계대전까지 무기들에 대한 이야기를 다루었는데, 이런 군무기들의 살상력이 가져온 결과에 유감과 비통함을 느끼지 않을 수 없다. 하지만 전쟁 중에 탄생한 발명들은 군사력이라는 '하드 파워'를 강화시켰을 뿐만 아니라 서민들의 일상생활 속 '소프트 파워'에도 기여한 공이 적지 않다. 이제는 분위기를 바꾸어 먹고 마시는 것에 대한 이야기를 해보도록 하겠다.

초콜릿

요즘 사람들은 '초콜릿'이라는 세 글자를 보면 진하고 달콤한 맛을 떠올릴 것이다. 사람을 살찌우게 만들 정도로 맛있는 고열량 식품인 것이다. 제2차 세계대전 시기에 미 군부는 허쉬 사Hershey's를 찾아가 야전野戰 시 비상식량으로 먹을 수 있는 개당 600kcal의 초콜릿을 만들어달라고 부탁했다.

그런데 미국 군부는 초콜릿이 너무 맛있으면 병사들이 받자마자 간식처럼 한번에 다 먹어버릴까 봐 걱정했다. 그래서 특별히 허쉬 측에 초콜릿을 너무 초콜릿처럼 만들지 말아달라고 요청했다. 맛은 없을수록 좋고 감자보다 살짝 더 맛있는 정도면 충분하다고 했다. 허쉬 사 입장에서는 아마 평생 듣도 보도 못한 주문이었을 것이다. 어찌되었든 고객이 미국 군부인만큼 절대 눈 밖에 나서는 안 되었다. 허쉬 사의 천재적인 연구자들은 귀리 분말을 잔뜩 넣어 초콜릿을 최고로 맛없게 만드는 데 성공했다. 역사적으로 유명한 디레이션

D-ration(바[Bar] 형태의 전투식량 또는 간식류-역주)이 바로 이런 배경에서 탄생한 것이다.

디레이션은 고객의 요구를 충분히 만족시켜 만든, 말 그대로 무늬만 '초콜릿'이었다. 배급 받은 병사들이 입에 대기도 싫어할 만큼 맛이 없어서 대부분 쓰레기통으로 직행했다. 심지어 디레이션을 '히틀러의 비밀 무기'라고 부르는 병사들도 있었다. 귀리 분말이 대량 함유되어 있어서 디레이션은 무척 딱딱했다. 치아가 약한 병사들은 제대로 깨물지도 못했고, 튼튼한 치아를 자랑하는 병사들도 이로 깨물어 먹는 것보다 칼로 작게 잘라서 먹는 편이 낫다는 것을 알게 되었다. 이것은 무슨 미국 군부에서 병사들을 괴롭히려고 만든 음식 같았다. 디레이션은 맛도 문제였지만 아시아와 아프리카를 포함한 열대 지역에서 여름철 고온을 견디지 못했다. 초콜릿이 녹아 먹기도 힘들었고 무엇보다 옷이 끈적끈적해지고 엉망이 된 것인데, 이는 엠앤엠즈(M&M's) 사가 급부상할 여지를 제공해 주었다.

1930년대 미국인 포레스트 마스Forrest Mars는 스페인 내전 기간에 병사들이 알록달록하고 껍질이 딱딱한 초콜릿 사탕을 먹는 모습을 보고 끝내주는 음식이라고 생각했다. 지형이나 기후에 상관없이 행군하면서 먹을 수 있고 고온에도 잘 녹지 않았기 때문이다. 입에서만 녹고 손에서는 녹지 않는 이 초콜릿은 휴대하기도 쉽고 고열량 식품이라 전쟁 중에 대박을 터트릴 수 있는 아이템이었다. 이에 포레스트 마스는 서둘러 미국으로 건너가 해당 식품의 특허를 획득했다. 이어서 초콜릿 계의 거물인 허쉬 사에 제작을 의뢰하면서 쌍방이 공

동으로 출자해 엠앤엠즈 사를 설립하고 병사들이 먹을 군량 납품사
대열에 뛰어들었다. 이전에 맛없던 초콜릿 바와 비교해서 엠앤엠즈
사 제품은 휴대도 간편하고 너무 맛있었다. 그래서인지 전쟁이 끝나
고도 이 맛을 잊지 못하는 병사들이 많았고, 엠앤엠즈 초콜릿도 오
늘날까지 오래도록 인기를 얻고 있다.

　물론 미국인들만 고열량인 초콜릿을 병사들의 보급품으로 사용
할 줄 알았던 것은 아니었다. 초콜릿의 장점에 주목한 나치 독일도
제작 과정에서 소량의 커피 가루를 첨가한 초콜릿인 쇼카콜라Scho-
Ka-Kola의 생산을 독일에서 가장 오래된 초콜릿 제조 회사 테오도르
힐데브란트Theodor Hildebrand에 의뢰했다. 쇼카콜라는 주로 독일 공
군에게 제공되었는데, 에너지를 보충해 줄 뿐만 아니라 고 카페인이
함유되어 있어 독일 조종사들이 야간에 폭격 임무를 수행할 때 각
성 상태를 유지할 수 있도록 도와주었다. 쇼카콜라는 나치 독일군에
게 '레드불' 같은 에너지 드링크 역할을 한 셈이다. 이 초콜릿은 지금
까지 판매되고 있으며 포장도 거의 달라진 게 없다. 제2차 세계대전
당시의 분위기를 느껴보고 싶은가? 독일 마트에 가면 역사적 운치를
담고 있는 이 에너지 초콜릿을 손쉽게 구매할 수 있다.

환타

　제2차 세계대전 이전에 독일은 유럽에서 코카콜라가 가장 많이
팔리는 해외 시장이었다. 전쟁이 발발한 1939년 독일에는 코카콜라
공장 43곳, 소매상 600여 개가 있었다. 그런데 전쟁이 터지면서 연

합군은 독일 북부의 각 항구로 통하는 물자를 모두 차단했다. 이로 인해 당시 코카콜라 독일 지사는 코카콜라를 만드는 데 필요한 시럽 등 중요한 원료를 얻을 방법이 없었다.

신은 코카콜라 사의 한쪽 문을 닫아 시련을 주면서 한편으로는 당시 독일지사장이었던 막스 키스Max Keith에게 깨달음을 주었다. 그는 각종 음식에서 탄산음료를 만들 수 있는 원료를 찾아내기 위해 모든 생각을 쥐어짜내었다.

얼마나 코카콜라가 마시고 싶었으면! 막스 키스는 막대 사탕을 만들고 남은 사과 찌꺼기와 치즈를 만들고 남은 유청乳淸을 몇몇 과일들과 배합해서 새로운 맛의 탄산음료를 만들어내었다. 직원들은 이 새로운 음료가 코카콜라처럼 많은 사람들에게 사랑받고 독일 사람들이 오래도록 열광하는 음료가 되기를 바라면서 독일어 'fantastisch(판타스티쉬)'에서 착안해 'Fanta(판타)'라고 이름을 지었다.'

환타는 확실히 인기가 있었다. 전시戰時에는 구할 수 있는 물자가 제한적이라 환타를 만드는 데 들어가는 원료가 일정하지 않았다. 그래서 전쟁 기간에는 환타를 만들 때마다 맛이 달라졌다. 매번 한정판이라 기회를 놓치면 다시는 그 맛을 볼 수 없었다. 마치 오늘이 마지막이라는 심정으로 환타를 즐기는 셈이었다. 환타는 출시되자자 소위 대박을 터트리며 1943년에만 거의 300만 병 가까이 팔렸다. 전쟁이 지속되면서 제2차 세계대전 말기 독일은 물자 부족에 시달렸고, 설탕 배급량을 제한하기 시작했다. 독일 사람들은 환타를 국이나 조림 또는 찜 요리에 넣어 음식에 단맛을 살렸다. 전쟁 중에 환타가 집집마다 손닿는 곳에 놓여 설탕 대용으로 쓰였다는 점이 흥미롭다.

전쟁이 끝난 후 코카콜라 본사는 환타를 인수하고 1960년에 정식으로 환타 상표를 구매해 전 세계 각국으로 판매하기 시작했다. 오늘날 판매량으로 보면 브라질 사람들이 환타를 가장 즐겨 마시며 브라질은 세계 최대 환타 소비국이다. 환타의 원산지인 독일은 어떨까? 독일 사람들도 여전히 환타를 좋아할까? 굳이 대답하자면 중간 정도라고 할 수 있다. 현재 독일 사람들이 가장 좋아하는 국민 탄산음료는 독일, 오스트리아, 스위스 일대에서만 판매되는 슈페찌 Spezi다. 이 음료는 타이완에서 살 수 없지만, 마트에 가서 코카콜라와 환타를 산 뒤 1대1 비율로 섞으면 슈페찌와 비슷한 맛을 낼 수 있다.

맺는말

"발명은 필요의 어머니"라는 말처럼 발명의 목적은 살면서 부딪치는 문제들을 해결하는 것이다. 그런데 기괴하게도 인류가 만든 거대한 문제, 즉 제2차 세계대전으로 인해 인류 역사상 가장 넓은 범위에서 가장 많은 사망자가 발생했다. 스스로 긁어 부스럼을 만들어놓고 다시 그 부스럼을 해결하려고 한 것은 아닌가?

어떤 발명들은 과거에 너무나 많은 사람들의 일상을 무너뜨리고 모든 것을 송두리째 사라지게 만들었다. 또 어떤 발명들은 우리에게 익숙한 일상을 풍부하게 하고 모든 것을 가능하게 만들었다. 전쟁으로 우리는 문명의 정상과 낭떠러지 사이에서 줄타기를 경험했다. 인류로서 우리에게는 언제나 위로 비상할지 아래로 추락할지 선택할 수 있는 기회가 있다.

16

냉전 이후 태평양의 황금라인 - 도련(島鏈)

매해 중학교 3학년 2학기가 끝나갈 무렵이면 각 과목 교사들은 하나둘 짐을 싸고 방학을 준비한다. 하지만 역사 교사만큼은 꼬리를 물고 이어지는 전쟁 이야기로 학생과 대치하고 진도와 씨름한다.

제1차 세계대전이 끝나고 잠시 숨 돌리며 목을 축이고 나면 곧바로 제2차 세계대전이 이어진다. 제2차 세계대전이 끝나면 또다시 심호흡을 몇 번 한 뒤 냉전冷戰을 맞이하는 것이다.

국가와 국가 사이에 '냉전'을 하는 이유는 무엇일까? 상대가 나와 말을 안 하니까 나도 말하지 않겠다, 뭐 이런 것일까?

사실상 냉전은 이런 것이다. 핵무기가 발명되고 제2차 세계대전 시기에 일본 히로시마와 나가사키에 투하된 원자 폭탄은 멀쩡하던 곳을 생지옥으로 만들었고, 무시무시한 파괴력은 모든 국가를 벌벌 떨게 만들었다.

　일찍이 핵무기를 개발한 몇몇 국가들은 핵무기를 발전시키는 과정에서 관련 실험을 지속해왔다. 바닥, 땅 밑, 바다 밑, 공중 할 것 없이 각종 핵 시험 폭파를 반복했다.

　핵무기의 성질을 알아갈수록 그것이 세상을 멸망시킬 만큼 거대한 힘을 갖고 있다는 것을 깨닫게 되면서 핵무기를 사용하는 건 문제가 있다는 생각이 들었다. 실제로 핵무기를 써서 전쟁을 한다면 지구가 열 개라도 모자라겠다는 판단이 선 것이다.

　치열한 열전熱戰을 지속하며 인류와 함께 지구를 송두리째 날려버리기보다는 차라리 새로운 형태로 맞서자고 해서 나온 결과가 바로 냉전인 것이다.

　미국과 소련 양측은 진짜 무기를 내려놓고 누가 더 국가를 잘 경영하는지 겨루는 데 동의했다. 일종의 '모노폴리' 게임 국가 버전 같은 개념이다. 누가 더 효과적으로 자신의 몸집은 불리면서 상대방의 땅이 확장되는 것을 막는지, 누가 더 전략적으로 자신의 세력을 키우고 상대방의 세력은 억누르는지, 누가 더 정치, 경제, 군사, 문화를 통틀어 강점을 충분히 발휘할 수 있는지를 보는 것이다. 이를 종합적으로 비교해서 가장 높은 점수를 획득하는 쪽이 지구상의 다른 국가들에게 본인 뒤를 따르라고 설득할 수 있다.

　미국은 본인의 민주 정치가 현재까지 인류에게 가장 적합한 정치 제도라고 생각한다. 자유 경쟁의 원칙으로 움직이는 시장 경제는 전 세계 이민자들에게 누구나 쫓을 수 있는 아메리칸드림을 안겨주었다. 미국은 민주와 자유의 수호자를 자처하며 이렇게 근사한 제도를 미국만 누릴 게 아니라 전 세계에 보급해야 한다고 여겼다.

소련은 마르크스의 공산주의야말로 인류에게 가장 이상적인 사회 제도라고 보았다. 소련이 오늘날 전 세계 공산주의의 핵심 기지이며 공산주의의 선봉장 역할을 해야 한다고 생각한 것이다. 모스크바에 발을 디디고 소련을 가슴에 품은 채 세계에 눈을 돌려 우주를 정복하자는 세계 공산 혁명 추진을 소임으로 여겼다.

미국과 소련은 잘못을 인정하는 것도 싫어하고 고집도 셌다. 양측은 자신들의 제도가 인류의 희망과 미래의 정도正道라고 생각하며 상대방을 마귀의 신도信徒처럼 여겼다. 대전을 치를 수 없다면 그냥 냉전으로 하자는 결론이 나게 된 것이다.

혹시 살면서 냉전을 해본 경험이 있는가? 그 냉전이나 이 냉전이나 사실 별반 다를 게 없다. 사람과 사람 사이의 냉전처럼 국가와 국가 사이의 냉전도 마찬가지다. 처음에는 일단 소그룹을 형성한다. "우리는 걔랑 잘 지내기 싫어!" 이렇게 소그룹을 만들고 누군가를 배척하는 과정을 통해 상대방을 폄하하고 상대방의 사회적 관계를 끊어버린다. 결과적으로 자신의 경쟁력을 강화하는 목적을 달성하는 것이다.

1949년 미국은 캐나다, 일부 서유럽 국가들과 북대서양 조약 기구를 창설해 소련을 배척했다.

1955년 소련도 질세라 동유럽의 우방국들과 바르샤바 조약기구를 창설했다.

대서양 너머 유럽의 서쪽에서는 '북대서양조약기구'와 '바르샤바조약기구' 양 진영으로 미국과 소련 세력이 확대되었다.

태평양 너머 동해안 방어선은 어떨까? 미국은 군사 지리 방어선으로 도련島鏈, island chain을 제시했다.

세 도련선이 촘촘하게 막고 있다

도련은 총 세 곳이다.

제1도련은 일본, 류구 열도에서 시작해 중간에 타이완과 만나고 남으로 필리핀, 말레이시아 군도까지 이어지는 방어선이다(남한을 포함시키는 경우도 있다-저자).

제1도련은 아시아 대륙에서 가장 먼 곳까지의 거리가 2천 킬로미터 이상이다. 하지만 가장 가까운 곳은 173킬로미터밖에 차이가 안 나는데, 이곳이 바로 타이완의 신주新竹에서 중국 푸젠福建까지 이어지는 타이완 해협이다. 지리적 위치로 봤을 때 가장 핵심적이고 가장 긴장된 방어선 구역인 제1도련이 타이완 해협 방어에 속하는 것이다.

제2도련은 미국의 괌을 중심으로 하며 북으로는 제2차 세계대전 당시 처절했던 전투로 유명한 이오 섬(이오지마)을 지나 일본 오가사와라 제도까지이고, 남으로는 타이완과 외교관계를 맺고 있는 팔라우 군도를 지나 인도네시아의 할마헤라 섬까지이다. 이 방어선이 포함하는 서태평양 수역은 아시아의 해안까지 4천 킬로미터 넘게 떨어져 있다. 만약 공산 세력이 이 지역까지 침투해 들어온다면 미국 아마존 사이트에서는 건망고가 불티나게 팔리기 시작할 것이다(건망고는 중국어로 '꼰꿔乾[망궈간]'인데 나라가 망한 것 같은 기분을 뜻하는 '亡國感'과 발음이 같아 정치권 유행어로 자주 쓰인다-역주).

제3도련은 태평양의 가장 후방이자 미국 본토 최전방 방어선이다. 북으로는 알래스카부터 시작해 하와이 군도를 거쳐 아메리칸 사모아American Samoa까지 뻗어나가고, 미국의 중요한 동맹국인 남태평양 호주와 뉴질랜드까지 이어진다. 여기에도 물론 대군이 배치되어 있으며, 유명한 진주만 해군기지와 히캄 공군기지가 있다.

미국은 태평양의 군사 황금라인인 도련에서 진지를 확고히 하며 만반의 준비를 하고 있다.

1950년 한국 전쟁이 일어난 후 북한은 소련과 중국 공산당의 지원을 받아 남침을 감행했다. 남북으로 양극단 세력이 대치하고 중국 공산당이 무력으로 타이완 해방을 저지하는 와중에 진먼金門에서는 연달아 구닝터우(古寧頭) 전투(제2차 국공 내전 중에 중화민국과 중화인민공화국이 금문도를 두고 벌인 전투로, 중국 인민해방군의 패배로 중화민국 정부의 타이완 지배가 공고해졌다-역주)와 823포전(이는 타이완에서 부르는 명칭이며, 중국에서는 '진먼포전'으로 부른다-역주)이 일어났다.

타이완이 함락되어 공산 세력이 군대를 이끌고 바다를 건너 남하하기만 하면 언제든 아시아 전체를 단번에 장악하고 가차 없이 태평양으로 곧장 진격해올 수 있었다.

미국은 내내 어두침침한 거실에 갇혀 분노에 치를 떨고만 있을 수는 없었다. 현관을 나서 적극적으로 서태평양 최전 방어선을 배치해야 했기 때문에 도련에 해당하는 국가들을 찾아가 조약을 맺기 시작했다.

1951년 미국-필리핀 상호방위조약
1951년 호주-뉴질랜드-미국 안전보장조약
1953년 한미상호방위조약
1954년 중미공동방위조약
1960년 미일안전보장조약

이 조약들의 내용은 대동소이한데, 미국이 서명국들과 약정한 내용은 다음과 같다. "태평양 해역에서 당사국 중 일방의 영토와 태평양에 있는 군대, 선박, 또는 항공기에 대해 무력 공격이 발생할 경우, 양국은 조약 내용에 따라 공동으로 적에 대항한다."

이 조약들을 통해 미국은 서태평양에 강력한 군사 방어선을 구축하고 육해공을 망라한 미군을 대거 주둔시켜 영향력을 확대했다. 주변을 둘러싸는 방식으로 공산 세력을 아시아 대륙 안쪽으로 묶어두고 태평양 전체를 미국의 세력권으로 만든 것이다.

냉전 시대에 미국이 주로 상대하는 대상은 소련이었고 그 다음이 중국이었다. 냉전이 끝난 후에도 모두가 한마음이 되거나 세계 평화가 실현되지는 않았다. 미국은 한 번도 이 조약들을 포기한 적은 없었지만 주적主敵은 바뀌었다. 중국의 시진핑 주석이 미국의 주된 경쟁 목표가 된 것이다.

냉전 이전이든 이후든 미국은 제1도련 방어선을 가장 중요하게 생각한다. 한국 전쟁 이후 미국은 '서태평양 자유의 방패'라고 불리는 제7함대를 파견해 타이완을 도왔다. 1996년 타이완에서 첫 민선 총통 선거를 앞두고 있을 때 중국 공산당은 의도적으로 지룽基隆과 가오슝高雄 외해外海를 겨냥해 미사일을 시험 발사하며 타이완 해협에 위기를 조성했다. 그때에도 미국은 타이완 해협으로 제7함대를 보낸 바 있다.

제7함대라고 해서 전력 순위가 7위인 함대라고 오해하면 안 된다. 제7함대는 미 해군 산하 부대로 전투력 1, 2위를 다투는 함대다. 강력한 항공모함, 관련 상륙군, 각 이지스함들과 기타 항공기들을 보유하고 있다. 해군 6만 명에 해병대까지 더해 규정 인원 편제로는 현재까지 미국 최대 규모의 해외 최전선 부대다. 아시아 국가의 모든 해군이 연합해서 덤벼도 제7함대를 이길 수 없을 거라는 말이 나올 정도다.

제7함대가 타이완 해협을 자주 왔다 갔다 한 것 외에도 〈아들을 위한 기도문〉을 쓴 미국의 맥아더 장군은 "타이완은 침몰하지 않는 항공모함이다!"라고 칭찬했다.

구글맵Google Map 위성 지도를 보면 이 말이 무슨 뜻인지 단박에 이해할 수 있다. 제1도련 안쪽 해역의 평균 수심은 약 300~500미터인데, 중국 연안 방향으로 갈수록 40~80미터까지 수심이 얕아진다.

다시 말해 타이완 해역에서 해당 구간이 전부 수심이 얕은 대륙붕인 것이다. 어선이 조업을 할 때는 문제가 없지만, 군사 작전을 수행하는 잠수함 입장에서는 심히 난감한 깊이라고 할 수 있다. 첫째, 수심이 얕아서 잠수하는 것 자체가 쉽지 않다. 둘째, 무리해서 잠수를 한다고 해도 수심이 충분히 깊지 않고 엔진 소리도 시끄러워서 탐지 시설로 수색하면 바로 발각된다. 이런 상황에서 어떻게 성공적으로 기습 공격을 해낼 수 있겠는가?

하지만 제1도련을 벗어나기만 하면 드넓은 심해가 펼쳐진다. 수심이 바로 몇 천 미터까지 내려가기 때문에 잠수함이 민첩하게 움직이고, 깊은 곳에서 잠복하며 소리 소문 없이 공격을 감행할 수 있다.

그런데 심해로 가는 두 수문水門이 공교롭게도 타이완 섬의 남북 끝에 위치한다. 북쪽의 미야코[宮古] 해협과 남쪽의 바시[巴士] 해협은 각각 서태평양의 심해 항로로 이어진다.

이쯤 되면 다들 뭔가 깨닫는 바가 있을 것이다.

왜 미국은 냉전 시대부터 줄곧 타이완을 '친아들'처럼 대한 것일까?

1979년 미국이 타이완과 외교 관계를 단절하면서 기존에 맺었던 공동방위조약도 효력을 잃었지만, 미국 국회는 '타이완 관계법Taiwan Relations Act'을 통과시켜 이를 대체했다. 법 조항에 "비평화적 방식으로 타이완의 미래를 해결하려는 모든 행위"가 태평양의 평화와 안전을 위협할 수 있기 때문에 미국이 이를 주시할 거라는 내용을 명시했다.

맥아더 장군

　미국은 '타이완 관계법'에 따라 타이완에 방위용 무기를 지속적으로 제공하고, 무력을 행사하거나 기타 고압적인 수단을 사용해 타이완 사람들의 안전과 사회 경제 제도를 위협하는 모든 행위에 맞서겠다고 약속했다. 저 멀리 태평양 밖에 있는 미국이 이렇게까지 타이완을 보호하는 걸 보면 시골 사람들이 미국을 '아버지'라고 부르는 것도 이해가 간다. 그런데 이 '아버지'는 타이완 남북의 두 관문이 마음에 들어서 그렇게 한 것이다. 그동안 중국이 '양안은 한 가족(兩岸一家親)'이라며 타이완을 포섭하려한 것도 같은 맥락이다. 시진핑 주석은 "어떤 힘도 양안을 갈라놓을 수 없다. 우리는 한 배에서 태어난 친형제 같은 사이로, 피는 물보다 진하기 때문이다."라고 말했다. 중국은 당연히 타이완과 분리되기 싫고 미국도 타이완을 멀리 떠나보내기 아쉬울 것이다.

타이완을 통제할 수 있는 쪽이 제1도련의 핵심 중추와 세계 패권으로 가는 위대한 항로를 장악할 수 있기 때문이다.

이 태평양의 황금라인은 냉전 종식으로 사라지지 않았다. 오히려 이 지역을 둘러싸고 21세기에 새로운 세계 패권 다툼이 갈수록 더 치열해지고 있다. 타이완 사람이라면 절대 스스로를 과소평가해서는 안 된다. 도련의 중요성에서 출발해 타이완이 국제무대에서 생존할 수 있는 공간을 눈여겨보아야 한다. 지정학적으로 타이완이 속한 미묘한 위치는 향후 외교 사업을 발전시키는 소프트 파워가 될 것이다.

전 세계가 타이완과 수교를 단절한다고 해도 타이완은 홀로 세상에 존재하지 않을 것이다. 타이완은 용감하게 열강의 틈바구니에서 안전하고 자유롭게 왕래할 수 있도록 노력해야 한다.

냉전 체제 하의 우주 대항해 시대

앞장에서 언급했듯이 제2차 세계대전이 끝나고 세계 역사는 '냉전'이라는 새로운 장을 열었다. 20세기 중엽 약 40여 년간 역사 무대를 주도한 두 주인공은 바로 미국과 소련이다.

단독 주연 자리를 놓고 미국과 소련은 정치적 영향력, 경제 성장률, 군사 과학기술력 등 각 분야에서 누가 지구라는 이 행성에서 넘버원인지를 세세하게 따졌다. 부, 명성, 권력, 이 세상의 모든 것을 소유한 초강대국이 되고 싶은가? 제2차 세계대전 후반에 독일이 개발한 탄도 미사일 V2는 냉전 시기에 미국과 소련이 우주로 모든 관심을 집중하게 만들었다. '가장 강력한 패권 국가가 되고 싶은가? 그렇다면 우주로 나가자!'라는 생각을 한 것이다. 이로써 전 세계는 우주 대항해 시대를 맞이할 준비를 했다.

1944년 9월 8일 이른 아침, 1천여 킬로그램의 폭약을 실은 V2미사일Vergeltungswaffe 2(보복병기 2호)이 하늘에서 떨어져 영국 런던 템스 강변에서 폭발했다. 이 사건으로 제2차 세계대전 연합군은 크게 놀라 식은땀을 흘렸다. 이 미사일이 당시 나치 독일군이 점령한 네덜란드 헤이그에서 날아오른 뒤, 불과 6분 만에 영국 해협을 지나 300킬로미터 너머의 런던에 큰 타격을 입혔기 때문이다. 이전의 독일군 폭격기보다도 월등히 빠른 비행 속도에 영국 지상부대는 그저 넋을 놓은 채 아무 반응도 할 수가 없었다.

　　사거리가 300킬로미터 이상에 달하는 V2미사일은 당시 세계에서 가장 최첨단 무기라고 할 수 있었다. 폭풍처럼 맹렬한 속도를 낼 수 있었던 것은 탄도 미사일이 높이 발사되었기 때문인데, 바로 이 점이 사람들에게 어느 정도 기대감을 심어주었다. 높이 날아서 상층 대기권, 심지어 우주에 진입하기만 하면 고속 비행이 가능하다는 점을 확인한 셈이기 때문이다. 다시 말해 이는 인류 역사상 엄청난 발견이었고 우주로 가는 장치를 발명해낼 수 있는 기회를 얻은 것이나 다름없었다.

　　이렇게 경외스럽고 군침이 돌 만큼 매력적인 초강력 무기를 눈으로 확인한 미국과 소련은 한시라도 빨리 나치 독일을 이겨 V2 뒤에 숨은 기술을 손에 넣고 싶었다. V2미사일의 주요 개발자이자 로켓의 아버지 베르너 폰 브라운Wernher von Braun이 바로 모두가 탐내는 핵심 인물이었다.

　　폰 브라운 스스로도 자신이 지닌 과학적 가치와 전쟁 후반부에 가서 본인이 부적 같은 역할을 하리라는 걸 잘 알고 있었다. 나치 독일이 궁지에 빠졌을 때에도 그는 과학 연구를 계속하며 조국의 운명에 따라 스스로의 생사를 결정하지 않았다. 폰 브라운은 모든 V2미사일 연구 자료를 폐기하라는 나치 독일의 명령을 거부하고 로켓 설계도와 연구 데이터를 이후 연합군과 협상할 때 써먹을 카드로 남겨두었다. 아니나 다를까, 1945년 5월 독일에 상륙한 미군이 뮌헨에 도착하자 폰 브라운은 자기가 먼저 나서서 항복했다. 미국은 완전히 "이게 웬 횡재냐" 하는 심정으로 두 팔 벌려 환영하며 폰 브라운을 비롯해 그와 함께 일하던 엔지니어 126명을 미국으로 보내 후하게 대접했다.

소련은 로켓의 아버지라는 최고 등급의 'SSR카드'는 손에 넣지 못했지만, 미사일 개발에 참여했던 독일인 중에 기꺼이 협력하기를 원하는 사람이 있다면 충분한 식량, 임금과 지위가 높은 일자리를 보장해주겠다고 호소했다. 이렇게 해서 과학자들 이외에도 소련은 분야를 망라해 숙련된 독일 엔지니어와 기술자 2천여 명을 모을 수 있었다.

인재를 손에 넣은 미국과 소련은 적극적으로 우주 프로젝트를 추진하기 시작했다.

1957년 10월 4일 소련이 먼저 인류 역사상 최초의 인공위성 스푸트니크 1호(Sputnik 1)를 발사했다. 관련 기사가 전해지자 전 세계는 놀라움을 감추지 못했다. 특히 미국은 이 소식을 듣고 거의 밤잠을 이루지 못할 만큼 충격을 받았다.

폰 브라운

인공위성 그 자체가 무섭다기보다 인공위성을 통해 소련이 전 세계 어느 군사기지라도 엿볼 수 있고 정확한 정보를 얻을 수 있다는 점이 무서운 것이었다. 이보다 더 공포스러운 것은 스푸트니크 1호를 우주까지 발사하게 만든 소련의 능력이었다. 이는 소련이 지구상의 어떤 도시에도 핵폭탄을 발사할 수 있는 능력을 보유하고 있다는 의미였기 때문이다.

스푸트니크 1호를 성공적으로 발사한 뒤 소련 사람들은 확실히

인류 역사상 최초의 인공위성 스푸트니크 1호

어깨에 힘을 주었고 자신 있게 목소리를 내기 시작했다. 소련의 공영 방송에서 한 과학자는 인터뷰에서 이런 발언을 했다. "이는 소련 과학을 넘어 소련 질서의 위대한 승리라고 할 수 있습니다." 그러자 또 다른 과학자가 청중에게 말했다. "우리가 미국보다 못 사는 것은 비밀이 아닙니다. 그런데 어떻게 우리가 미국인보다 먼저 이토록 어렵고 수준 높은 과학기술 문제를 해결할 수 있었을까요?"

제대로 자극 받은 미국인들은 소련과 있는 힘을 다해 겨루어보기로 했다. 그로부터 2개월 후 미국은 인공위성 발사체 뱅가드TV3를 발사했지만, 2초 만에 로켓이 폭발하며 땅에 떨어지는 모습이 전 세계에 TV로 생중계되었다. 미국의 대형 신문사들은 물론이고 조롱하는 평론들이 줄을 이었지만, 소련 대표의 발언만큼 임팩트가 강한 것은 없었다. "필요하다면 소련은 미국의 기술 고문이 되어줄 의향이 있다."

절치부심한 끝에 두 달 후 미국은 익스플로러 1호Explorer 1를 발사했다. 비록 발사에는 성공했지만 무게가 14킬로그램으로 스푸트니크 1호의 6분의 1 수준밖에 되지 않아 소련으로부터 '작은 사과'라는 비웃음을 당했다.

"너는 나의 작은 사과야. 아무리 널 예뻐해도 지나치지 않아…" (중국의 '강남스타일'이라고 불릴 만큼 큰 인기를 끌었던 노래 '小蘋果[작은 사과]'의 가사 중 일부-역주) 미국이 또다시 실패해도 소련은 그런 미국을 반길 것이라는 의미이리라.

냉전은 분명 서로 팽팽하게 겨루는 극본인데, 미국이 계속 열세에 놓인다면 아무래도 역사의 재미가 떨어질 수밖에 없다. 1958년 7월 아이젠하워 미국 대통령은 미 항공우주국(NASA)을 설립하고 연간 1억 달러의 예산을 투입하겠다고 선언했다.

희생을 불사하고 우리는 우주로 간다

NASA 설립 후 미국의 목표는 계속 인공위성을 발사하는 데 그치지 않고 소련을 뛰어넘는 쾌거를 이루는 것, 즉 인류를 우주로 보내는 것이었다. 미국은 수성 계획Project Mercury(머큐리 계획)을 준비했다. 머큐리Mercury(헤르메스)는 로마 신화에서 뭇 신들을 대신해 소식을 전하는 사자使者, 전령의 신이다. 두 날개가 달린 모자를 쓰고 날개 달린 신발을 신은 채 나는 듯 걸어 다니는 '속도의 신'이기도 하다. 미국은 머큐리라는 이름을 빌려 소련보다 훨씬 속도가 빠른 발사체를 개발해 다시 한 번 대결에서 기를 펼 수 있기를 바랐다.

1961년 NASA는 미사일의 탄두를 사람 한 명이 들어갈 수 있는 소형 우주선 캡슐로 개조했다. 각 준비 작업이 어느 정도 끝나자 NASA는 사람을 우주로 보내기 전에 먼저 시험 삼아 햄Ham이라는 이름의 침팬지를 태워 보냈는데, 우주에서 16분 39초 동안 비행하는 데 성공했다. 무사히 지구로 돌아온 햄은 '우주인'으로서 임무를 완수한 뒤 중년에 워싱턴 동물원의 인기 스타로 직업을 바꾸었다. 미국은 햄의 유해를 국제 우주인 명예의 전당으로 보내 기념했다.

NASA가 침팬지를 우주로 보내는 데 성공한 일을 축하하던 3개월 동안 소련은 또 한 번 세계를 놀라게 했다. 소련의 공군 중위中尉 유리 가가린Yury Alekseyevich Gagarin이 우주 비행에 성공한 것이다. 그는 1시간 48분 동안 지구를 한 바퀴 돌아서 안전하게 귀환했다. 인류 최초로 우주를 다녀온 그는 우주 비행이 너무 꿈같았는지 몰라도 지표면에 닿았을 때 극심한 차이를 느꼈고, 정신적인 압박을 벗어나기 위해 어쩔 수 없이 술에 의지했다. 전문 조종사로서 비상하는 것만이 가가린에게 자신의 가치를 느끼게 만들어줄 유일한 방법이었다. 하지만 두 번째 우주 비행은 기약이 없었고, 인생의 마지막 몇 년 동안 가가린은 소련의 미코얀구레비치 MiG에서 시험 비행을 하며 지냈다. 그것이 그가 다시 우주와 가장 가까워질 수 있는 방법

(좌) 가가린, (우) 침팬지 햄

이었던 것이다. 그런데 어느 날 시험 비행 훈련 도중 연습기가 추락
했고, 가가린은 서른넷이라는 젊은 나이에 숨을 거두고 말았다.

　이 세계 최초 우주인인 가가린을 기념하기 위해 그의 고향 그자
츠크는 가가린으로 이름을 바꾸었다. 현재 러시아에서는 매년 가가
린이 우주에 간 4월 12일이면 성대한 기념행사를 거행한다.

　인류 최초로 유인 우주선 발사 기록을 소련에게 빼앗긴 미국은
좀 더 어려운 목표를 시도할 수밖에 없었다. 최초로 달에 상륙한 국

가가 되어 보기로 한 것이다. 그래서 수성 계획 이후 미국은 아폴로 계획Project Apollo(미국의 달 착륙 계획)을 내놓았다. 당시 미국의 존 F. 케네디 대통령은 국회에서 정식 담화를 발표하며 의원들에게 아폴로 계획을 위한 예산 지원을 간절히 부탁했다. "저는 우리 미국인 모두가 한마음 한뜻으로 전력을 다해 이 목표를 달성할 수 있으리라 믿습니다. 1970년 전까지 우주선에 사람을 태워 발사해 달에 상륙한 뒤 안전하게 지구로 돌아오게 한다는 목표를 말입니다."

여기에는 '아무리 많은 돈이 들더라도 우리는 반드시 해내야 한다, 소련을 이기고 싶어 죽겠다'라는 속내가 들어 있었다.

대통령이 이렇게까지 이야기한 만큼 당시 미국은 정말 온 국민이 힘을 합쳐 NASA를 지원했다. 신중을 기하기 위해 아폴로 호는 총 열한 번이나 사람을 태워 비행했다. 7호와 9호는 각 지구 궤도를 돌며 테스트를 하고, 8호와 10호는 달 궤도를 돌며 비행 실험을 했다. 대통령이 말한 데드라인 1970년을 목전에 둔 1969년 7월 16일, 인류가 최초의 달 착륙 임무를 수행하는 가장 긴장되고 흥분되는 순간이 찾아왔다. 플로리다 주 케네디 우주센터 발사 현장에는 100만 명이 넘는 인파가 운집했고, 집에서 TV 생중계로 보는 전 세계 시청자들까지 합하면 그 수가 무려 6억 명에 달했다. 현재 모든 유튜버YouTuber 생중계 시청자 수를 전부 더한다고 해도 불가능한 수치였다.

당시 미국의 닉슨 대통령은 아폴로 11호가 귀환에 실패해 우주 비행사들이 달에서 목숨을 잃을까 봐 노심초사했다. 그래서 그는 백악관 연설 비서관에게 귀환 실패에 대비해 미리 추도사를 준비하라

존 F. 케네디

고 지시했다. 이 연설문의 시작은 다음과 같다. "운명은 평화를 위해 달을 탐험하러 간 그들에게 달에서 평화로운 안식을 취하도록 명령했습니다…"

다행히 이 연설문을 쓸 일은 일어나지 않았다. 우리가 역사를 통해 알고 있듯이, 아폴로 11호는 우주에서 수일간 비행했고 7월 20일 우주 비행사 닐 암스트롱Neil Armstrong은 운석 구덩이로 가득한 달 표면에서 신중하게 착륙할 지점을 살핀 뒤 이글호에서 나와 인류 최초로 달에 발자국을 남겼다. 그러고는 인류 우주 역사에 길이 남을 명언을 남겼다. "한 인간에게는 작은 한 걸음이지만 인류에게는 위대한 도약이다(That's one small step for man, one giant leap for mankind)."

암스트롱이 달 표면에 꽂은 성조기는 미국과 소련이 벌인 우주 경쟁에서 미국이 최종 승리를 거두며 끝이 났다는 것을 상징하는 표지다. 이전에 소련 네가 몇 번을 이겼는지는 상관없다. 이번 판으로 그동안 구겨졌던 우리 체면을 전부 살렸으니까.

소련도 노력하지 않은 건 아니었다. 달 착륙 계획을 위해 설계한 N1이라는 달 탐사로켓을 발사센터에서 총 네 번에 걸쳐 시험 발사했지만 전부 실패로 돌아갔던 것이다. 첫 번째 발사 때에는 N1로켓의 비행시간이 고작 1분에 그쳤고, 두 번째에는 로켓이 발사 즉시 불덩이로 변해 발사대로 추락했다. 세 번째에는 로켓이 출발하자마자 해체되었고, 네 번째에는 로켓이 폭발했다. 결국 1974년 소련은 달 착륙 계획 폐기를 정식으로 선언했는데, 이는 미국을 상대로 깨끗하게 패배를 인정한 것이나 다름없었다.

미국이 꼴좋다며 비웃었을까? 그렇지 않았다. 로켓 시대에 미국과 소련은 각자 엄청난 시간과 돈을 투자해 우주에서 임무를 수행하는 것이 얼마나 힘들고 위험한지 경험했기 때문에 상대방의 수고와 고충을 누구보다 잘 이해했다. 냉전의 시작은 유치하고 제멋대로인 악성惡性 경쟁이었을지 모른다. 하지만 우주 경쟁을 벌이는 과정에서 미국과 소련은 우주에 서로밖에 남지 않을 정도로 너무 먼 길을 걸어왔기 때문에 상대방의 성과와 노력에 경의를 표하게 되었다.

1975년 미국과 소련의 공동 실험인 '아폴로-소유즈 시험 계획ASTP, Apollo-Soyuz Test Project'은 우주에서 쌓인 양측의 우정을 가장 잘 보여주는 증거이며, 역사상 최초로 미국과 소련이 합작한 유인 우주진출 계획이다. 냉전 시대에 전 세계에서 알아주던 숙적 미국과 소련의 두 우주비행선(아폴로 호와 소유즈 호) 도킹은 우주에서 44시간에 걸쳐 진행되었다. 그 사이에 미국인 우주비행사 3명과 소련인 우주비행사 2명은 서로 국기와 선물을 교환하고 상대방의 우주비행선을 견학한 뒤 함께 식사하면서 상대방의 언어로 대화를 시도하기도 했다.

지구는 아주 작다. 인류가 서로 비교하고 공방전을 벌일 만큼. 우주는 너무 크다. 우리가 불안과 고독을 느끼고 함께 할 누군가를 갈망할 만큼. 미국과 소련이 오랫동안 벌인 우주 경쟁은 1975년 두 우주비행선의 평화로운 도킹으로 훈훈하게 마침표를 찍었다.

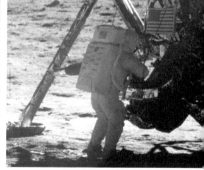

닐 암스트롱

18

적이 없는 전쟁 – 베트남 전쟁

　제2차 세계대전 이후 전 세계 역사상 가장 규모가 크고 가장 오래 지속된 전쟁이라면 단연 '베트남 전쟁'이다. 이 전쟁은 미국에게 있어서 군대도 잃고 국위도 실추하게 만든 처참한 패전이었다. 1990년 미국의 유명한 여론조사 기관인 갤럽에서 각 가정을 방문해 베트남 전쟁에 대한 의견을 조사했다. 조사 결과 미국인 중 72퍼센트가 미국의 베트남 전쟁 참전은 잘못이며, 베트남 전쟁 자체를 부도덕한 전쟁이라고 대답했다.

　베트남 전쟁이 대체 미국과 무슨 관계가 있었을까?

　베트남은 원래 프랑스 식민지였다. 이는 타이완에 있는 베트남 식당 메뉴판에서 바게트를 자주 볼 수 있는 이유이기도 하다. 제2차 세계대전 기간에 프랑스는 나라가 위태로울 만큼 나치에 한바탕 깨지고 있었다. 내 코가 석자인데 어떻게 저 멀리 인도차이나 반도에 있는 식민지를 신경 쓸 거를이 있었겠는가? 이런 상황은 독립을 바라던 베트남 공산당이 제2차 세계대전 동안 세력을 키울 수 있는 좋은 기회가 되었다. 전쟁이 끝난 후 호찌민胡志明(호지명)을 위시한 베트남 공산당은 베트남 북부에 건국을 선포했는데, 이제부터 이 나라를 '북베트남(베트남민주공화국)'이라고 부르겠다.

　제2차 세계대전이 끝나고 돌아온 프랑스는 또다시 베트남을 못살게 굴었다. 북베트남의 독립적인 지위를 인정하지도 않았고, 베트남 역사상 마지막 황제인 바오 다이를 붙잡아 베트남 남부 사이공Saigon에 괴뢰정부를 세웠는데, 역사에서는 이 나라를 남베트남(베트남공화국)이라고 부른다. 프랑스는 남베트남 명목으로 북베트남과 전쟁을 벌였는데, 이것이 바로 제1차 베트남 전쟁인 베트남-프랑스 전쟁이다. 이 전쟁은 제2차 세계대전이 끝난 후부터 시작해서 9년 동안 이어졌다. 유럽 국가 중에서 전력 순위로 뒤에서 일 이등을 다투는 프랑스를 상대로 북베트남은 최후의 승리를 거두었다. 마침내 희망을 접은 프랑스는 짐을 싸서 고향으로 돌아가 커피와 바게트를 먹을 준비를 마쳤다.

　전력이 막강했던 북베트남이 조력자 프랑스를 잃은 남베트남 괴뢰정권을 박살내는 것은 이제 시간문제였다. 그런데 북베트남 정권은 베트남 공산당이 주도했다는 사실을 잊어서는 안 된다. 민주주의 수호자를 자처한 미국에게 냉전 시대에서 '공산'이라는 두 글자는 금기어였다. 신종 코로나바이러스 확진자와 접촉하면 바로 격리나 봉

쇄 조치를 하듯이, 잠재된 모든 '감염 경로'를 차단하기 위해 미국은 베트남 공산당이 인도차이나 반도 전체를 정복할 가능성을 절대로 가만히 두고 보지 않았다.

게다가 역사상 미국은 많든 적든 "공산당이 날 괴롭힌다!"라는 피해 망상증을 앓고 있었다. 아이젠하워 대통령은 유명한 '도미노 효과'라는 관점을 제시하며 이렇게 말했다. "도미노를 일렬로 세운 뒤 첫 번째 도미노를 쓰러트리면 마지막 도미노까지 전부 빠르게 무너진다." 아이젠하워 대통령은 베트남이 바로 공산당에 쓰러지는 첫 번째 도미노가 되는 것을 두려워한 것이다. 무슨 일이 있어도 베트남이 쓰러져 공산당의 손에 들어가는 것을 막아야 한다는 생각이었다. 베트남 전쟁에 적극적으로 개입했던 존슨 대통령의 발언은 좀 더 노골적이었다. 그는 미국이 무슨 일이 있어도 반드시 남베트남을 지켜야 한다고 생각했다. 만약 남베트남마저 공산당에게 넘어간다면 동남아시아 전체는 물론이고 일본과 인도까지 빨간색으로 물들어 동아시아 전체가 공산당 영역으로 변할 수 있다는 우려 때문이었다.

지구가 빨개지면 미국의 얼굴은 창백해질 터였다.

그래서 미국의 명예와 미 합중국의 흔들리지 않는 세계 최강의 지위를 유지하고, 전 세계가 공산당에 의해 훼손되는 것을 방지하며 세계 평화를 수호하기 위해 미국은 사랑과 민주라는 정의를 철저하게 실행했다. 미국은 1955년에 베트남 전쟁에 개입한 뒤로 남베트남에 약 10억 달러 규모의 군사, 경제, 과학기술, 물자를 원조하고, 군사 고문을 파견해 미국식 장비와 훈련된 군대를 갖추도록 협조했다. 1964년 정세가 긴박해지자 미군은 마침내 정식으로 베트남 전쟁에 발을 들였다.

그런데 이상하지 않은가? 베트남이 공산당에게 점령당하는 것을 막고 싶었다면 왜 처음부터 강대한 미군을 써먹지 않고 내내 의뭉스럽게 뒤에서 숨어만 있었던 것일까?

첫째, 미국을 가장 골치 아프고 초조하게 만드는 대상은 베트남 공산당이 아니었다. 호찌민 배후에 있는 공산당 큰형님인 소련과 베트남의 이웃인 공산당 둘째 형님 중국이었던 것이다. 하지만 이 공산계의 두 형님들은 함부로 건드릴 수 없는 존재들이었다. 둘 다 미국과 마찬가지로 핵무기를 보유한 군사 강국이었기 때문이다. 미국은 이기지 못할까 봐 두려운 것이 아니었다. 이 전쟁이 타노스의 인피니티 건틀렛을 사용한 것처럼 손가락 한 번 튕기는 것으로 지구가 흔적도 없이 사라질까 봐 두려웠던 것이다. 제3차 세계대전은 세계의 마지막 전쟁이나 마찬가지인데 누가 싸우고 싶어 하겠는가? 미국이 우물쭈물하고 질질 끌다가 마침내 미군을 파견한 이유가 여기에 있다.

둘째, 미국이 어떻게 개입해도 난감한 전쟁이었다. 프랑스가 병력을 철수한 이후부터 베트남 전쟁은 베트남의 집안싸움이라고 할 수 있었다. 북베트남이 남베트남을 공격하며 서로 치고받고 싸우는 거라 베트남 사람들끼리 알아서 하게 두어야할 문제였던 것이다.

게다가 당시 북베트남 지도자였던 호찌민은 영향력 있는 민족 지

호찌민

도자였다. 젊어서부터 그는 프랑스에 저항했고, 제2차 세계대전 기간에는 베트남 사람들을 이끌고 항일운동을 벌였다. '응우옌 아이 쿠옥阮愛國(애국자)'이라고도 불린 호찌민의 일생에 대해서는 다양한 평가가 있을 수 있지만, 그가 베트남에 가치 있는 인물이었다는 점은 의심할 여지가 없다. 상대적으로 남베트남 정권은 줄곧 농민들에게 서양의 손에 놀아나는 괴뢰정부일 뿐이라는 인식을 심어주었다. 처음에는 프랑스를 믿고 의지했다가 지금은 미국에 기대며 항상 남의 눈치를 살피고 여기 붙었다 저기 붙었다 하는 정부는 베트남 사람들의 진정한 목소리를 대변할 수 없다고 생각한 것이다.

설령 미국이 청렴하고 공정한 관리라고 해도 베트남의 내정에 간섭하는 것은 상황만 더 악화시키는 결정이었다. 무엇보다 미국은 청렴하고 공정한 관리도 아니었다. 그냥 이기적이고 오지랖이 넓은 과객일 뿐이었다. 환영받지 못하는 남베트남 정권을 지원하기로 하면서 미국에 대한 베트남 사람들의 호감도 뚝 떨어져버렸다.

미국도 북베트남의 호찌민에게 열혈 팬들이 많아서 함부로 건드릴 수 없다는 것을 알고 있었다. 그럴 바에는 차라리 양측이 평화롭게 거리를 유지하며 남과 북으로 나뉜 채 각자 생활을 이어가는 편이 좋겠다고 생각했다. 그래서 미국은 처음부터 끝까지 베트남 전쟁에서 이기고 싶은 마음이 없었다. "우리는 그저 베트남이 베트남 공산당에 의해 통일되는 것을 원치 않을 뿐이다. 그렇다고 베트남 공산당이 통일한 베트남을 없애고 싶은 생각은 없다." 미국이 참전을 결정한 이유는 단지 전쟁으로 전쟁을 멈추고 베트남에 민주 세력이 발붙일 수 있는 곳을 어느 정도 남겨두기 위한 것에 지나지 않았다.

이처럼 미국인의 참전 목적은 수수하고 고리타분하며 무미건조했다. 하지만 이렇게 지나치게 낭만적인 생각이 미국을 움직였고, 스스로를 진퇴양난의 '유한한 전쟁' 상황에 휘말리게 만들었다.

미군은 베트남 전쟁에 개입하면서 한 번도 누군가에게 선전포고를 한 적이 없었다. 명확한 전쟁 상대도 없이 미군은 무엇 때문에 싸운 것일까? 무엇을 위해 싸워야 했을까? 전쟁을 끝내기 위해 벌인 전쟁이면서 규모가 커지는 것을 두려워한다면, 상대방이 전쟁을 멈추도록 만들 수 있는 방법이 딱히 없었다는 뜻이다. 미군의 상대인 베트남 공산당은 미국의 전략은 물론이고 미국이 전쟁 규모를 키울 엄두를 내지 못하고 있다는 것도 훤히 알고 있었다. 유한한 전쟁은 가해지는 압력도 유한하다는 뜻이니, 버티기만 하면 최종 승리는 우리의 것이라고 생각했으리라.

선전 포고할 수 없는 전쟁 – 적은 누구인가?

미국이 베트남 전쟁에 개입할 때부터 전쟁이 끝날 때까지 총 19년이라는 시간이 걸렸다. 이 길고 길었던 전쟁으로 6만 명에 가까운 미군이 목숨을 잃었고, 미국은 결국 먼지만 잔뜩 뒤집어쓴 채 빈손으로 돌아왔다. 대체 무엇이 문제였을까?

첫째, 적을 찾을 수 없었다

북베트남과 남베트남에 있는 사람들은 모두 흑발의 황인종인 베트남 사람이었다. 도처에 있는 사람들이 친구일 수도 있고 적일 수도 있었다. 미군의 과학기술은 야간 적외선 카메라처럼 누가 베트남 공산당인지 이데올로기까지 보여줄 정도로 대단하지는 않았다. 베트남 공산당은 남베트남에 들어서자마자 옷을 갈아입어서 행인으로 착각할 정도였다. 아무리 강하고 파괴력이 있는 무기라도 목표물이 없으면 어디를 공격해야 할지 알 수 없는 법이었다.

둘째, 적을 막을 수 없었다

베트남은 국경선이 길고 지형도 매우 복잡했다. 지도상으로 8등신 미녀처럼 보이는 베트남은 위도 15개를 뛰어넘고 남북 길이가 1,650킬로미터에 달한다. 가로는 좁고 세로는 긴 형태의 국토는 베트남 전쟁에서 큰 힘을 발휘했다. 이웃한 라오스와 캄보디아는 베트남 공산당에게 우호적인 국가이고 안쪽 지역이 넓어서 북베트남이 공격하고 수비하는 데 도움을 주었다. 한편 남베트남만 지키고 있을 수밖에 없던 미군은 군사 작전을 수행할 만큼 공간이 넓지 않아 어려움을 겪었다.

셋째, 적을 칠 수 없었다

베트남 공산당은 베트남 전쟁에서 놀라운 게릴라 전술을 선보였다. 게릴라전의 정수에 관해서는 마오쩌둥 주석의 말을 참고할 만

하다. "적진아퇴敵進我退, 적주아요敵駐我擾, 적피아타敵疲我打, 적퇴아추敵退我追." 적이 전진하면 후퇴하고, 적이 머무르면 교란하며, 적이 지치면 공격하고, 적이 후퇴하면 추격한다는 뜻이다. 베트남 공산당은 자신을 잘 감추고 신출귀몰하게 움직이며 적의 눈을 피하는 데 능했다. 마치 이쑤시개처럼 적의 약점을 콕콕 쑤시고 다닌 것이다.

베트남 전쟁에서 베트남 공산당은 게릴라전의 교과서라고 불러도 될 만큼 전형적인 게릴라전을 펼쳐보였다. 게릴라전은 소규모 병력이 움직이기 때문에 각 소대가 공격하는 시간과 장소를 저마다 알아서 결정했다. 피해가 너무 클 때는 높은 산속 정글로 후퇴하거나 이웃 나라(라오스, 캄보디아)로 가서 전열을 가다듬었다. 미군은 베트남 공산당과 줄곧 대규모 전투를 벌이지 못해 베트남 공산당의 주력군을 공격하기 힘들었다. 이런 이유로 미국으로서는 베트남 전쟁 기간 동안 전투기로 폭탄을 퍼붓는 데 의존할 수밖에 없었다. 하지만 또 적이 어디에 있는지 확실하게 알 수 있는 방법도 없었다. 뚜렷한 목표물도 없이 냅다 퍼붓기만 하다 보니 제2차 세계대전 때보다 거의 3배나 많은 탄약을 투하하기에 이르렀다. 그 결과 폭파되어야 할 곳은 폭파되지 않고 오히려 폭파해서는 안 되는 곳이 폭파되어 수없이 많은 전쟁 비극이 발생했다. 너무나 많은 무고한 민간인들이 보금자리를 잃고 난민이 되어 떠도는 광경을 어디서나 볼 수 있었다.

적을 찾을 수도, 막을 수도, 칠 수도 없던 이 전쟁에서 미군이 겪은 모든 좌절과 실패는 더 많은 사람들에게 심각한 심리적 스트레스를 안겼다. 모호한 적의 얼굴과 종잡을 수 없는 행적 때문에 궁지

고엽제를 살포하는 미군 전투기

에 몰린 미군은 베트남에서 섬멸한 적의 수를 늘리기 위한 목적으로 민간인 학살을 자행했다. 이 밖에도 베트남 공산당의 게릴라 군을 공격하기 위해 미군은 악명 높은 고엽제를 살포해서 베트남 공산당의 근거지였던 정글을 파괴했다. 미군이 사용한 고엽제로 에이전트 그린, 에이전트 퍼플, 에이전트 블루, 에이전트 화이트, 그리고 가장 유명했던 에이전트 오렌지가 있었다. 이런 무시무시한 화학 약품들은 지면을 덮고 있는 식생을 파괴하는 것 외에도 암까지 유발해 적의 동향을 알아내는 것보다 훨씬 더 심각한 피해를 낳았다. 베트남 현지 사람들만 분노와 원한이 극에 달한 것이 아니라 줄곧 정의의 사도를 자처하던 미국인들조차 수치심에 치를 떨었다.

계속되는 폭격과 전쟁 폭력으로 불안과 공포에 떨던 베트남 사람들은 전쟁 혐오 심리가 가득했다. 앞으로 얼마나 더 전쟁을 해야 할까? 이 고통들이 언제쯤 해소될 수 있을까? 우리 베트남 사람들이

1967년 펜타곤(미국 국방부 건물)
앞에서 시위하는 반전시위대

모두 싸우기를 원치 않는다면 미국인의 존재 의의는 어디에 있는 것
일까?

미국인도 스스로에게 자주 물었던 질문, "왜 싸우는가?

1960년대 전체를 통틀어 미국 각지에서는 베트남 전쟁에 반대하
는 움직임이 일어났다. 거리에 나온 시위대들은 "우리가 그 많은 돈
과 사람을 베트남에 보냈는데 적이 없는 전쟁을 하고 있었다."라고
말했다.

전쟁이 길어질수록 점점 더 많은 미국의 젊은이들이 베트남 전쟁
을 위해 징집되어 살육을 저지르게 될 텐데, 과연 이러한 살육이 민

주를 위한 것일까? 만약 시작부터 무의미한 전쟁이라면 청년들은 전쟁에 투입되어 터무니없는 가해자나 아무 의미 없는 희생자가 되는 것을 결코 원치 않을 거야. 이제 그만 좀 해라! 다 같이 미국 정부에 큰소리로 'No'라고 외치는 거야!

미국 각 주에서는 "Make love not war(전쟁 말고 사랑을 하자)"라는 구호를 외치기 시작했고, 밥 딜런^{Bob Dylan}의 〈Blowing in the wind(바람만이 아는 대답)〉와 존 레논^{John Lennon}의 〈Give Peace a Chance(평화에게 기회를 주세요)〉를 포함한 반전反戰 노래들도 곳곳에서 줄을 이었다.

> How many times must a man look up
>
> 사람이 얼마나 자주 하늘을 올려다봐야
>
> Before he can see the sky
>
> 진정 하늘을 볼 수 있을까
>
> How many ears must one man have
>
> 사람에게 얼마나 많은 귀가 있어야
>
> Before he can hear people cry
>
> 진정 사람들의 울음소리를 들을 수 있을까
>
> How many deaths will it take
>
> 얼마나 더 많은 죽음이 있어야
>
> Till he knows that too many people have died
>
> 이미 너무 많은 사람들이 죽었다는 것을 알게 될까
>
> - 〈Blowing in the wind〉(작사/작곡: 밥 딜런) 중에서

1973년 지옥 같던 시련이 마침내 끝이 나고 미군은 정식으로 베트남에서 철수했다.

전체적인 상황을 종합해 보면 미국은 진심으로 베트남을 위해 싸운 적이 없었다. 미국이 베트남을 위해 던진 탄약은 단 한 개도 없었고, 베트남에 떨어진 모든 탄약은 베트남의 토지와 베트남 사람들에게 큰 타격을 주었다. 적이 없는 전쟁이었고 온통 핑계로만 가득했던 전쟁이었다. 결국 미국은 상처투성이가 된 베트남을 남겨둔 채 처참한 몰골로 물러났다.

19

끝이 없는 전쟁 – 중동 전쟁

이 세상에서 절반의 사람은
나머지 절반을 사랑하고,
절반의 사람은
나머지 절반을 미워하네.
혹시 이 절반과 저 절반 때문에
내가 빗물처럼 순환하고
쉼 없이 방랑하는 신세가 된 것일까.

– 이스라엘 시인 예후다 아미차이Yehuda Amichai, 〈이 세상 절반의 사람들〉

끝이 없는 평화가 있고 답이 없는 문제들이 있다. 역사 교과서에
서는 '아랍-이스라엘 분쟁'에 대한 설명이 단 두세 줄 정도로 끝나지

만, 그 이면에는 수천 년간 해결되지 않은 인종, 종교, 정치, 지역, 역사, 문화적 문제들이 얽혀 있다. 어쩌면 너무 복잡하게 얽혀 있어서 아무리 많은 분량을 할애해도 다 설명할 수 없기 때문에 지나치게 간소화시켰는지도 모른다. 다방면으로 고려하며 공감하고 이해할 수 있는 여지를 남겨두기 위해서 말이다.

이 역사에 대한 이야기를 시작하려면 《구약 성경》부터 언급하고 지나가야 한다. 여호와 하느님은 '가나안' 땅을 아브라함과 그의 후손들에게 주기로 약속하셨다. "보이는 땅을 내가 너와 네 자손에게 주리니 영원히 이르리라."(창세기13:15)

가나안은 지금으로 따지면 아시아 서부 지중해 연안에 위치한 '팔레스타인'이다. 상고 시대에 기후가 좋았던 팔레스타인은 농목업에 유리한 풍요로운 땅이었다. 기르는 양떼가 많아서 통이 가득 찰 만큼 양젖도 많이 생산되었다. 각종 초목이 무럭무럭 자라고 봄이면 온갖 꽃들이 만발했다. 부지런히 일하는 벌떼들 덕분에 벌집에서는 꿀이 줄줄 흘러내렸다. 그래서 《구약 성경》에서는 팔레스타인을 일컫는 '젖과 꿀이 흐르는 땅'이라는 표현이 여러 차례 등장한다.

이처럼 환경적 이점이 많아서 사람들이 먹고 사는 데 걱정이 없다 보니 팔레스타인에서는 일찍이 고대 문명과 위대한 종교 신앙이 발전했다. 뿐만 아니라 팔레스타인은 지리적으로 동서양의 사이에 위치하고 유럽, 아시아, 아프리카 세 대륙에 걸쳐 있으며 흑해, 지중해, 홍해, 아랍해, 카스피해 등 다섯 바다를 끼고 있다. 그래서 일찍이 상고 시대에는 중요한 전략적 요충지이자 교통의 중심이라 여기저기에서 팔레스타인을 얻기 위해 쟁탈전을 벌였다.

그렇다면 여기에서 문제! 팔레스타인은 어디 소속일까? 《성경》에서는 아브라함과 그의 후손이라고 말했다. 그렇다면 유대인인가? 아니면 아랍인? 정답은 '둘 다'이다.

이는 그냥 아무렇게나 던지는 말이 아니다. 아브라함이 자식을 많이 낳았기 때문이다. 《성경》 기록을 보면 아브라함은 아들이 최소 여덟 명 있었다. 아브라함의 큰아들 이스마엘은 공인된 아랍인의 조상이고, 이스마엘의 이복형제인 이삭은 유대인의 조상이다. 우리는 《성경》을 근거로 아랍인과 유대인이 모두 아브라함의 후손이라고 당당하게 말할 수 있는 것이다.

《성경》에서만 이렇게 말하는 것이 아니라 생물학적으로도 DNA 연구 결과가 이를 뒷받침한다. 미국 애리조나 대학교 유전학과 마이클 해머Michael Hammer 교수가 2000년 전 세계 남성 1,371명의 유전자 연구 결과를 발표했는데, 중동 지역 아랍인의 Y염색체가 유대인과 거의 동일한 것으로 나타난 것이다.

혈연관계가 가깝다는 것 외에도 유대인이 믿는 유대교와 아랍인이 믿는 이슬람교는 여러 가지 면에서 종교적으로 쌍둥이 형제라고 해도 과언이 아닐 정도로 흡사하다.

다들 알다시피 이슬람교도(무슬림)들은 돼지고기를 안 먹는데 유대인들도 돼지고기를 먹지 않는다. 유대인은 할례를 해야 하는데 무슬림도 마찬가지다. 유대인은 안식일에 불을 피우지도 않고 일하지도 않으며, 반드시 해가 떨어진 후에야 일을 하고 식사를 할 수 있었다. 무슬림도 라마단Ramadan(이슬람교에서 약 한 달간 금식하는 기간으로, 라마단 기간 중 해가 떠 있는 동안에는 물도 마시지 않고 해가 지면 금식을 중단한다-역주)이면 일몰 때까지 기다려야 음식을 먹을 수 있었다. 유대교와 이슬람교는 장례 방식도 동일한데, 시체를 깨끗이 닦은 뒤 흰 천으로 싸서 깊숙이 묻는다. 유대인은 예배를 드릴 때 예루살렘 쪽을 향해 기도한다. 초기 이슬람교에서는 무슬림도 예루살렘 쪽을 보고 기도를 했는데 나중에는 메카로 방향이 바뀌었다. 하지만 예루살렘은 여전히 이슬람교의 성지 중 하나다. 이 두 종교는 세세한 부분에서 굉장히 유사하기 때문에 잘 모르는 척하기도 힘들 것이다.

우리가 유대인과 아랍인의 가까운 혈통, 문화적 유사성에 대한 증거를 아무리 많이 찾아낼 수 있다고 해도 두 집단이 서로에게 느끼는 강한 적대감을 막을 수는 없다. 유대인과 아랍인 사이의 증오와 갈등은 역사가 진행되면서 한층 더 복잡해졌다.

이스라엘과 아랍 국가들 사이의 응어리

모세가 유대인들을 데리고 애굽(이집트)을 나와 가나안(팔레스타인)으로 향한 이후, 유대인들은 한동안 평온하게 지내며 역사상 유명한 히브리 왕국과 이스라엘 왕국을 세웠다. 그후 로마제국이 등장하면서 유대인의 비극이 시작되었다. 로마가 모든 재산을 빼앗고 내쫓는 바람에 유대인은 짐을 바리바리 싸들고 세계 각지를 떠도는 처량

하고 고달픈 생활을 하게 된 것이다.

그렇게 유대인이 팔레스타인을 떠나고, 7세기는 아랍 제국의 위세가 하늘을 찌르던 시대였다. 만도뿔刀(곡도)를 찬 이슬람 전사들은 로마제국과 싸워 이긴 후 팔레스타인을 접수했다. 그 후로 아랍인은 끊임없이 가나안 땅으로 이주했다.

19세기가 되자 팔레스타인에 거주하는 사람들은 아랍의 후손들이 대부분이었고, 땅을 경작한지도 이미 천 년이 넘었다. 그래서 아랍인들은 너무나도 당연하게 팔레스타인이 자신들의 고국이자 삶의 터전이라고 여겼다. 19세기 말에 시오니즘Zionism(팔레스타인 지역에 유대인의 독립 국가를 건설하자는 유대민족주의 운동-역주)이 세계 각지에서 일어나면서 여러 나라에 흩어져 살고 있던 유대인들은 반유대주의anti-Semitism의 박해를 피하기 위해 아랍인들에게서 토지를 대거 매입하고 팔레스타인으로 이주해 그대로 눌러앉았다. 히틀러가 집권한 뒤 나치 독일이 유럽에서 시행한 잔혹한 인종말살정책(홀로코스트)은 팔레스타인으로 돌아가려는 유대인들의 결심을 더욱 부추겼다. 점점 더 많은 유대인들이 상고 시대에 살았던 고향으로 돌아오면서, 제2차 세계대전 발발 이후 팔레스타인에 거주하는 유대인의 비중은 제1차 세계대전 후 1918년의 7퍼센트에서 29.7퍼센트(1939년)까지 상승했다.

유대인이 팔레스타인 총 인구 수에서 차지하는 비중이 높아질수록 아랍인과의 갈등 역시 갈수록 첨예해졌다. 1947년 유대인과 아랍인 간의 무력 충돌이 계속되자 국제 연합The United Nations(이하 '유엔')은 '팔레스타인 특별위원회'를 설립하고 팔레스타인 지역을 두 나라로 분리하는 결의안을 통과시켰다. 유대인들 국가 따로, 아랍인들 국가 따로니까 이제 싸우지 마, 알았지?

그게 되겠냐! 유엔 네가 대놓고 불공평하게 나눴잖아!

당시 팔레스타인에 있던 유대인들은 팔레스타인 총 인구 수의 3분의 1(약 50만 명)도 채 되지 않았고, 유대인이 소유한 토지는 팔레스타인 총 면적의 6퍼센트밖에 되지 않았다. 그런데 명확하게 팔이 유대인 쪽으로 굽은 유엔이 영미 세력의 지지에 힘입어 유대 국가와 아랍 국가에게 나누어준 국토 면적 비율은 55퍼센트 대 45퍼센트였다.

유엔 결의안이 통과되자 아랍 세계는 분노하며 불공평하고 정의롭지 못한 분배 결의안을 거부하고 나섰다. 이성의 끈이 끊어진 소수의 아랍인들이 유대인들에게 가한 공격은 대규모 집단 충돌로 빠르게 확산되었고, 이스라엘 독립 전쟁으로 이어졌다.

1948년 유대인 집단은 유엔 결의안에 따라 이스라엘 건국을 정식으로 선포했다. 그 후 몇 시간 동안 아랍 국가들은 이스라엘이 태어나자마자 바로 없애버릴 생각으로 연합군을 꾸려 공격을 감행했다. 이스라엘은 비록 작은 나라였지만 날 때부터 전투민족이었고, 그 뒤에는 미국을 비롯한 서양 국가들이 든든한 지원군으로 버티고 있었다. 따라서 제1차 중동전쟁은 예상대로 이스라엘의 대승리로 끝이 났다.

이 전쟁을 통해 이스라엘의 면적은 크게 확대되어 팔레스타인 국

700km에 달하는 긴 장벽이 이곳을 세계에서 가장 충돌이 잦은 지역으로 만들었다

토의 77퍼센트를 차지했다. 아랍 연합군의 참패로 인해 팔레스타인 지역의 아랍인 70여만 명은 해외로 도망치는 난민으로 전락했다. 이 전쟁을 시작으로 아랍-이스라엘 갈등은 서로에게 원한이 있는 국가

간의 갈등으로 격상되었고, 이때부터 둘 사이에는 단단히 얽힌 매듭이 자리하게 되었다.

제1차 중동전쟁의 실패로 아랍 세계 전체가 뒤흔들렸다. 그들은 거대한 이슬람 세계가 조막만 한 유대 국가를 어쩌지 못한다는 사실을 도저히 받아들일 수 없었다. 이번 참패의 치욕을 잊지 않고 반드시 되갚아 주리라 맹세했다.

이렇게 해서 이후 몇 차례에 걸쳐 중동전쟁이 일어난 것이다. 이스라엘은 전쟁을 거듭할수록 점점 더 강해졌다. 사방이 적으로 둘러싸여도 계속 강대해지기는 했지만 평화와 안전을 위한 해결책을 찾지는 못했다. 한편 아랍인들은 전쟁을 할 때마다 난민이 배로 늘어났고, 이스라엘을 없애기는커녕 오히려 더 많은 토지를 잃어갔다.

장벽을 세우다

정면 대결에도 이렇다 할 결과를 얻기 힘들어지자 은밀한 전투가 시작되었다. 팔레스타인 지역의 아랍인들은 게릴라전 방식으로 각지에서 이스라엘을 기습 공격하는 것 이외에도 자살식 공격으로 이스라엘에 예상치 못한 위협을 가했다. 끝없이 일어나는 보복 공격을 방지하기 위해 2002년부터 이스라엘은 요르단강 서안에 높이 8미터, 길이 약 700킬로미터에 달하는 장벽을 세워 팔레스타인 지역의 아랍인을 완전히 분리시켰다. 장벽은 주재료인 철근 콘크리트와 철조망, 고압전선, 전자 감시 시스템으로 이루어져 있고, 일정 간격마다 이스라엘 순찰대와 보초병이 배치되어 있다.

팔레스타인 지역의 모든 아랍인들은 장벽을 드나들 때 검문소를 지나며 세 번에 걸쳐 보안검사를 받아야 한다. 첫 번째 단계는 신분증 검사이고, 두 번째 단계는 허리띠를 풀고 외투를 벗은 뒤 보안검사문을 지난 뒤 몸을 수색(폭탄을 몸에 숨기는 것을 방지-저자)하는 것이다. 마지막 단계는 손을 기기에 올리고 지문을 남기는 것인데, 기록이 저장되었는지 확인되면 통과할 수 있다.

이스라엘 사람들은 이 장벽을 안전 울타리로 불렀다. 자살 폭탄 테러 소식이 잇달아 전해지는 동안, 거리를 다닐 때마다 느껴지는 공포와 불안감은 이스라엘 사람들에게 떨쳐지지 않는 악몽이나 다름없었다. 예루살렘에 있는 버스와 텔아비브^{Tel Aviv}(이스라엘 최대 도시)의 카페에서 비극은 언제든 일어날 수 있었다. 이스라엘 사람들은 갑자기 큰 소리가 나면서 피범벅이 된 사체가 사방으로 흩어지는 장면이 눈앞에 펼쳐지고, 공포에 질린 비명소리와 무기력한 울부짖음이 귓가에 맴도는 것 같았다. 이스라엘 정부는 테러리스트들이 이스라엘에 들어오는 것을 막고 민간인들이 자살식 공격의 위협을 받지 않도록 보호하기 위해 만든 안전 울타리가 완성된 이후로, 테러리스트들의 자살 테러 공격이 95퍼센트 이상 줄어들었다고 공언했다.

팔레스타인 지역 아랍인들에게 이 장벽은 분리 장벽이자 노천 감옥이었다. 그들은 자기 집으로 돌아가고 싶은 것뿐인데 이스라엘이 범죄자를 대하듯 실시하는 심문, 신분증 검사, 지문 확인 절차를 밟아야 했다. 그들은 자기 집 농지에 가서 경작하고 싶은 것뿐인데 차를 타고 우회해 30분, 길게는 1시간이나 걸려 검문 초소에 가서 특별허가증을 받아야 자기 땅으로 돌아가 농작물을 살필 수 있었다. 그들의 집이지만 따뜻함과 친밀함은 줄어들고 차가움과 소원함은 더해졌다. 높다란 장벽에 둘러진 철조망 때문에 더 이상 탁 트인 하늘을 볼 수 없었고, 공기는 답답하게 변했으며 집은 삼엄한 감시의 대상이 되었다.

가장 뛰어넘기 힘든 것은 어쩌면 실물 장벽이 아니라 오랫동안 쌓여온 마음의 장벽일지도 모른다. 1948년 제1차 중동전쟁을 이스라엘 역사 교과서에서는 '이스라엘 독립 전쟁'이라고 부르고, 아랍 국가들의 교과서에서는 '팔레스타인 대재난'이라고 부른다. 이스라엘 교과서에서는 팔레스타인으로 처음 이주한 유대인들을 일컬어 '개척자'라고 하고 아랍 국가들은 이들을 '테러리스트'라고 한다.

한때는 둘 다 아브라함의 후손이었다. 그렇게 혈연관계가 가까웠는데도 뿔뿔이 흩어졌고, 지금은 서로를 떠올리기만 해도 경기를 일으키는 사이가 되어버렸다. 너의 승리가 나에게는 수치요, 너의 영웅이 나에게는 사탄이라고 여길 정도가 된 것이다. 양측은 교과서에서 일부러 상대방 도시를 지도에 표시하지 않았다. 너희는 예루살렘이 너희 것이라고 하는데 우리는 우리 것이라고 할 테다. 우리는 우리만 생각하고 우리만 신경 쓰니까! 끝이 보이지 않을 만큼 높아지는 장벽, 이것이 바로 이스라엘과 아랍의 현주소다.

아침 식사를 준비할 때 다른 사람들을 생각해주시오.
비둘기에게 먹이 주는 것을 잊지 말아 주시오.

전쟁을 할 때 다른 사람들을 생각해 주시오.
평화를 원하는 사람들을 잊지 말아 주시오.

수도 요금을 낼 때 다른 사람들을 생각해 주시오.
구름에서 물을 마실 수밖에 없는 사람들을 생각해 주시오.

집으로 돌아갈 때 다른 사람들을 생각해 주시오.
텐트에서 지내는 사람들을 잊지 말아 주시오.

잠자리에서 별을 셀 때 다른 사람들을 생각해 주시오.
잘 곳이 없는 사람들도 있다오.

은유로 자신을 해방시킬 때 다른 사람들을 생각해 주시오.
말할 권리를 잃어버린 사람들을.
저 멀리 있는 사람들을 생각할 때
자신에 대해 생각해 보고 이렇게 말해 주시오.
내가 어둠 속의 촛불이었으면 좋겠다고 말이오.

- 팔레스타인 시인 마흐무드 다르위시Mahmoud Darwish,

〈다른 사람들을 생각해 주시오〉

이 시를 쓴 팔레스타인 시인 다르위시는 여섯 살 때 온가족이 이스라엘에 의해 국경 밖으로 쫓겨났다. 그는 긴긴 시간 동안 떠돌이 생활을 했다.

의식주 걱정 없는 나라에서 뜻대로 되지 않는 일들 때문에 원망할 때, 우리는 저 멀리에 있는 어둡고 힘든 환경에 처한 사람들을 생각하고 기억해야 한다. 그들에게는 시에 나오는 내용이 단지 허구가 아니라 실제 현실이니까.

20

당신에게는 테러리스트이지만,
그에게는 자유 투사다

2001년 9월 11일 어느 평범한 화요일 아침, 뉴욕 맨하튼은 가장 평범하지 않은 상처와 아픔을 겪었다. 마치 재난 영화 리허설을 보는 것만 같았다. 승객을 가득 태운 항공기가 세계무역센터(WTC) 쌍둥이 빌딩에 부딪히고, 빅 애플Big Apple(뉴욕 시의 가장 유명한 별명-역주)의 맑은 하늘을 배경으로 빌딩에서는 거대한 흙먼지가 일어나고 불길이 점차 거세졌다.

나는 그날의 상황을 지금도 생생하게 기억한다. 당시 타이완 현지 시각으로 저녁 9시쯤 TV에서 갑자기 뉴스 속보가 뜨더니 여객기가 세계무역센터에 충돌한 뒤 화염과 짙은 연기가 나면서 건물이 무너지고, 놀란 뉴욕 시민들이 두려움에 떨며 울부짖는 장면이 반복해서 등장했다. 다른 방송사로 채널을 돌려도 마찬가지였다. 고등학교

무너지는 뉴욕 세계무역센터 쌍둥이 빌딩

1학년이던 나는 세계에 대체 무슨 일이 일어난 것인지 전혀 이해하지 못했다. 왜 방송국들마다 내가 좋아하는 프로그램을 계속 틀어주지 않는 거지? 지구 저편에서 대체 무슨 일이 일어났길래 내가 짠 프로그램 편성표를 망치는 거냐고!

이 날 사건을 겪고 나서야 인류는 테러리즘이 얼마나 공포스러운 것인지 알게 되었다.

오사마 빈 라덴Osama bin Laden과 그의 추종 조직인 알 카에다Al-Qaeda는 자살식 공격을 위해 항공기 납치를 계획했다. 납치된 민간 항공기 4대가 뉴욕 세계무역센터 쌍둥이 빌딩, 미국 워싱턴의 국방부 청사(펜타곤)와 충돌하면서 항공기에 탑승한 승객은 전원 사망했고, 건물이 무너져 거의 3천 명에 달하는 무고한 시민들이 목숨을 잃었다.

테러리스트들이 납치한 항공기가 쌍둥이 빌딩에 빠르게 충돌하면서 항공유가 흘러내렸고, 건물 내 가연성 물질에 불이 붙었다. 고온에서 계속 연소되다 보니 폭발로 이어졌다. 지옥 같은 화염이 끊임없이 번지면서 빌딩 철골이 변형되고 안전문도 열쇠로 열 수 없는 상태가 되었다. 곧이어 기둥이 무너지며 건물이 위에서 아래로 주저앉았고, 50만 톤에 달하는 구조물이 가루가 되었다. 사람들이 창문 밖으로 뛰어내려 추락하는 화면이 전 세계에 생중계되었다.

이것은 할리우드 재난 영화가 아니라 생생한 현실이었다. 인류는 그토록 연약하고 무기력했다. 나서서 우리를 구해줄 천하무적인 마블 히어로는 없었고, 뉴스 화면에 나오는 미국은 당황해서 어쩔 줄

프랑스 대혁명 이후 자코뱅당이 실시한 공포 정치

모르는 모습을 드러내었다. 뉴욕 시에서는 사람들을 구조하는 과정에서 소방대원 343명이 목숨을 잃었다. 9·11테러 사건으로 21세기 사람들은 난생 처음 테러리즘의 공포를 직시하고 내일에 대한 두려움과 불확실성을 느끼게 되었다.

사실 테러리즘은 9·11테러 사건 이후에 나온 단어가 아니다. 일찍이 18세기 프랑스에서 처음 등장한 테러리즘은 프랑스 대혁명 후 자코뱅당Jacobins이 실시한 공포정치la terreur(1793~1794)에서 비롯되었다. 하지만 당시 '테러리즘'은 혁명 이후 혼란한 정세에서 질서를 유지하기 위한 수단이자 더 아름다운 사회로 가기 위한 필요악으로 간주되었다.

20세기 후반에 이르러 테러리즘은 새롭게 변형되고 발전하기 시작했다. 특히 9·11테러 사건 이후에는 테러리즘이 오랫동안 편안하고 안락한 생활을 해오던 국제 사회에 큰 충격으로 다가왔다. 세계 각국은 9·11테러 사건을 계기로 마침내 테러리즘이 전 세계 안보 환경에 가져온 충격과 도전을 진지하게 마주보게 되었다. 미국의 경우 2000년 이전에 '테러리즘'이라는 이름을 달고 출간된 서적이 매년 평균 50권 미만이었다. 그런데 2001년 9·11테러 사건이 터진 후에는 그 수가 200권 가까이로 급증했다. 2007년 전까지 '테러리즘' 관련 서적은 해마다 평균 300권 이상 출판되었다.

그렇다면 대체 테러리즘이란 무엇일까?

첫째, 테러리즘의 공격 대상은 무고한 민간인들이 대부분이다. 그런데 여기에서 주의해야 할 점이 있다. 테러리스트들의 직접적인 피해자(일반인)는 그들의 '도구'에 불과하다는 사실이다. 테러리스트들은 살육을 통해 공포를 조장하고 사회 대중들에게 불안감과 두려움을 야기한다. 이로써 자신들의 적수가 한 발 물러서도록 압력을 가하는 것이다.

둘째, 테러 공격이 발생하는 시기와 장소가 불확실하고 예측 불가능하며 돌발적이다. 사전에 공격을 예측하고 파악할 수 있는 방법이 거의 없는 거나 마찬가지이기 때문에, 일단 테러가 일어나면 엄청난 공포와 혼란을 야기하고 그로 인한 두려움과 고통은 오랫동안 지

프랑스 대혁명 기간에 자코뱅당이 테러를 한 내부 회의

속된다.

셋째, 테러리즘의 '공포'는 정보를 전달하는 일종의 홍보 방식이다. 피해자는 북의 가죽 같은 존재로, 테러리스트가 고수鼓手처럼 북 가죽을 치는 목적은 청중들에게 소리를 들려주기 위한 것이라고 묘사하는 학자도 있다. 테러리스트들은 피해자들이 얼마나 처참하게 죽었는지에 대해서는 관심이 없다. 그들은 오로지 그 화면을 보는 관중들의 반응에만 관심이 있을 뿐이다. 공포심을 이용해 지지자들의 복종을 얻고, 동시에 공포심을 조장해 상대의 굴복을 얻기를 갈망한다.

언론까지 끌어들인 테러 조직의 홍보 수완

이쯤 되면 아마 눈치 챘을 것이다. 테러리즘은 실제로 살을 맞대고 싸우는 육탄전이라기보다 상대의 마음을 괴롭히는 심리 전술에 더 가깝다는 것을 말이다. 테러리즘은 상대와 직접 대규모 전투를 벌이지 않는다. 공격을 개시해 토지를 점령하려는 생각도 전혀 없다. 그냥 겁만 주고 싶은 것이다. 그런 식으로 존재감을 드러내기 때문에 상대는 어쩔 수 없이 그들에게 주목할 수밖에 없다. 말하자면 테러리스트들은 '망령'이나 마찬가지다. 문제는 테러리스트들이 단순히 환생할 육신이 되어줄 희생자만 찾으려는 게 아니라는 데 있다.

테러 활동이 성공해서 언론의 힘을 빌려 빠르게 소식이 전파되면 사회에는 공포심이 번지고 서로 의심하며 무기력한 분위기가 조성된다. 많은 사람들에게 이런 거대한 심리 작용이 일어나면 엄청난 연쇄반응을 일으켜 정부의 근간을 흔들 수 있다.

예를 들어 9·11테러 사건이 가져온 피해는 목숨을 잃은 피해자들만이 아니었다. 미국은 즉각 9월 11일부터 14일까지 주식시장 긴급 휴장을 선언했다. 9월 17일 거래가 재개되었는데도 여전히 불안감을 감추지 못한 투자자들에게 공황성 매도Capitulation가 나타나면서 당일에만 다우존스 산업평균지수Dow Jones Industrial Average, DJIA가 77.1퍼센트 폭락했다. 일주일 동안 1,370포인트 하락해 14퍼센트 낙폭을 기록했다. 닷새 만에 뉴욕 증시에서 1조 4천억 달러가 증발했다. 이는 언론 홍보가 효과를 발휘했을 때 일어나는 결과였다. 충분히 발달한 매체가 없으면 원하는 만큼 공황 상태를 만들어낼 수 없었다. 구석기 시대에 이런 상황이 있었다고 가정해 보자. 한 원시인이 석기를 들고 다른 원시인의 머리가 깨질 때까지 내리쳐서 피가 사방으로 튀었다. 이 장면이 차마 눈뜨고 볼 수 없을 만큼 잔인하다고 해도 그 감정은 당사자인 원시인만 알 수 있다. 신문, 위성 뉴스 취재Satellite News Gathering, SNG 차량, SNS, 모바일 생중계도 없으니, 자기 자신한테 보여주는 것밖에 더 되겠는가?

2014년 8월 이슬람국가(ISIS)의 '이슬람 성전 전사'가 미국인 기자를 참수하는 영상이 유튜브 사이트에 올라갔다. 몸 전체에 검은 옷을 입고 복면을 한 남자가 오렌지색 죄수복 차림의 제임스 폴리James Foley 기자 좌측에 서서, 한 손으로는 폴리의 어깨를 잡고 다른 한 손에는 칼을 들고 있었다. 중동 지역에 대한 간섭 중지를 미국에 요구하는 성명을 폴리가 복창하자, 검은 옷의 남자가 이어서 영어로 "참수는 미국의 공습에 대한 대답"이라고 말했다. 그 후 검은 옷의 남자는 폴리의 아래턱을 잡아 고개를 옆으로 젖힌 뒤 칼을 들어올렸다. 이어지는 장면은 너무 끔찍해서 차마 볼 엄두가 나지 않았다. 마지막에는 참수된 폴리의 시신만이 화면에 남아 있었다….

IS가 처음으로 전 세계에 자신들의 존재를 알린 사건이었다. 지나치게 잔인한 참수 영상으로 순식간에 다른 의미에서 '왕훙網紅(인터넷 스타)'이 되었기 때문이다. 이전에는 테러 조직이라고 하면 사람들은 9·11테러 사건을 주도한 빈 라덴의 알 카에다나 아프가니스탄에서 바미안 불상佛像을 폭파했던 탈레반을 떠올렸다. 그런데 참수 영상이 뜬 이후로 IS가 그 자리를 대신했고, 중학생도 몇 마디 이야기할 수 있을 정도로 가장 익숙한 조직이 되었다.

확실히 IS의 행동은 극단적이고 변태적이지만, 자극적인 연출과 가장 잔인한 장면을 골라야만 가장 좋은 홍보 효과를 누릴 수 있었다. 혹자는 IS가 그냥 테러 조직이 아니라 뛰어난 마케팅 회사라고 말하기도 한다. IS는 매일 평균 약 8천 개에서 1만 개에 달하는 정보를 업로드한다. 그들은 트위터나 페이스 북과 같은 SNS를 능숙하게 활용하며 정보를 전달해 새로운 대원들을 모집한다. 몸서리칠 정도로 잔혹한 폭력 영상은 IS의 가장 성공적인 마케팅 전략으로 여겨진다. 지구 곳곳에 퍼져 있는 이슬람 극단주의자들은 자극과 쾌감을 추구하기 때문에 영상을 보고 흥분하며 고무되는 것이다.

폴리를 참수한 지 두 달도 채 되지 않아 IS는 또 다른 미국인 기자, 영국 인도주의 활동가, 일본인 인질 등을 잇달아 참수하고 영상을 찍은 뒤 인터넷에 올렸다. 살해된 인질들의 조국에서는 "폭력적인 살육 행위를 강력히 규탄하며 테러리즘에 절대로 굴복하지 않겠다."라고 강경한 입장을 표명했다. 미국 정부는 IS를 전 세계 1급 테러조직으로 규정하고, 두 미국인 기자를 살해한 IS대원에 대한 정보 제공자에게 현상금 1천만 달러(한화 약 120억 원)를 지급하기로 했다. 시사주간지 〈타임〉에서는 IS 우두머리를 세계에서 가장 위험한 인물이라고 적었다.

돈 한 푼 안 들이고 세계 각국 정부가 공짜로 광고를 해주고 있으니 가장 훌륭한 홍보가 아닌가? IS는 전 세계의 이목을 끌고 상대를 효과적으로 도발하는 데 성공했다. 그리고 서양의 가치에 분개하는 더 많은 극단주의자들이 영상을 보며 흥분했다. "IS 진짜 변태네. 근데 변태적일수록 난 좋더라!" 부디 이 세상의 정신병자들을 과소평가하지 말기를! 우리 같은 정상인들에게는 폭력적인 참수 영상이 혐오감을 일으키지만, IS가 모집하려는 목표 대상들에게는 즉시 '좋아요'를 누르거나 여기저기 공유하고 싶을 만큼 멋지고 매력적으로 다가올 가능성이 높다.

약자의 무기 - 비대칭 전쟁(Asymmetric Warfare)

국제위기그룹(ICG)의 가렛 에반스Gareth Evans 의장이 이런 말을 했다. "실업, 빈곤, 박탈감, 절망, 소원함, 치욕 또는 미래에 대한 희망이 결핍된 생활환경이 테러리즘을 낳는 온상이다."

9·11테러를 일으킨 알 카에다든 참수 영상을 배포한 IS든 둘 다 불안정한 전쟁 지역에서 발전했다. 오랜 기간 전쟁에 시달렸고 정부가 없는 권력 진공 상태에 놓여 있던 그들은 정치적 목소리를 내기 위해 조직을 결성했다. 그들에게는 핵무기도, 항공모함도 없었다. 무리해서 군대를 결성하고 지구상에서 가장 강하다는 미군과 정면 대결을 펼쳤지만 눈 깜짝할 사이에 제압당했다. 사람 수는 물론이고 자원과 물자 면에서도 미국의 적수가 될 수 없었다. 테러리즘은 가장 적은 비용으로 싸우기 위한 전략인 것이다. 테러리스트들은 자신

의 몸을 치명적인 무기로 바꿀 수 있었다.

2015년 11월 파리 테러 사건으로 최소 129명이 사망했는데, 그중 일곱 명이 자살 폭탄 테러를 저지른 테러리스트들이었다. 대부분 프랑스 현지 무슬림 이민자 2세들이었던 이들은 자신이 죽을 걸 뻔히 알면서도 왜 자살 폭탄 테러를 저질렀을까? 시리아 내전이 장기간 지속되면서 난민들이 대거 유럽으로 도망쳐 왔는데, 파리 교외 지역에 거주하는 이민자들은 취업 기회도 적고 정치 및 사회적으로 차별 대우를 받았다. 소수 극단주의자들은 종교를 통해 위로를 얻었고 IS의 새로운 피로 흡수되었다. 스스로 성전聖戰을 치른다고 여기며 그들 마음속의 악한 존재인 서양 국가들을 와해시키기 위해 테러를 시도했다.

전력 강화를 위한 장비를 구매할 돈이 없던 테러리스트들에게는 자신의 몸뚱이와 집념밖에 남아 있지 않았다. 이런 상황에서 무기를 대신할 새로운 저항 수단이 탄생하게 된 것이다. 피비린내 나고 잔인할 수 있지만 아무것도 없는 그들이 달리 무엇을 선택할 수 있었겠는가?

테러리스트들도 하고 싶은 말이 있었지만 잔혹한 방식으로밖에 할 수 없었다. 테러리스트들은 단지 나무 한 그루에 불과했고, 그들 뒤에는 테러를 낳은 비참한 숲이 자리하고 있었다.

왜 무고한 민간인을 다치게 할 목적 하나만을 위해 자신의 목숨을 희생하는 사람들이 있는 것일까? 우리는 당연히 그런 행태를 받아들일 수 없다. 하지만 어쩌면 아주 조금은 그들을 이해해보려고 시도할 수는 있지 않을까. 만약 이 세상이 당신을 눈물 짓게 만든 적이 있다면, 그 뒤에 더 많은 눈물이 흘러내려서인 경우가 많을 것이다.

테러리스트라고 해서 꼭 세뇌된 광신도라고는 할 수 없다. 그들에게는 이런 테러 행위가 그저 더 아름다운 사회로 가기 위한 필요악에 지나지 않을지도 모른다. 문명의 야만성과 진보의 낙후성으로 인해 역사의 거대한 수레바퀴를 따라 흘러가면서 이 세상에는 더 많은 차이와 갈등이 생긴다. 그 결과 힘이 너무 약한 누군가는 정규군이나 정치적인 수단으로써 자신들의 의지를 드러내지 못하게 되는 것이다. 우리 눈에는 테러리스트인 사람들이 또 다른 집단에게는 자유 투사일지도 모를 일이다.

.

미처 몰랐던 세계사 - 숨겨진 20가지 이야기

초판 1쇄 인쇄 2021년 3월 22일
초판 1쇄 발행 2021년 3월 22일

지은이   우이룽
옮긴이   박소정
발행인   박종서
발행처   역사산책
출판등록 2018년 4월 2일 제2018-60호
주 소   (10477) 경기도 고양시 덕양구 은빛로 39, 401호(화정동, 세은빌딩)
전 화   031-969-2004
팩 스   031-969-2070
이메일   historywalk2018@daum.net
페이스북 https://www.facebook.com/historywalkpub/

ISBN 979-11-90429-09-2   03900

값 18,000원